Ralf Pasel | Alexander Hagner | Hans Drexler | Ralph Boch

HOME NOT SHELTER!

Gemeinsam leben statt getrennt wohnen

D1695252

Inklusion von Migranten in Stadt und Gesellschaft
am Beispiel integrativer Wohnformen für Flüchtlinge und Studierende

Partner

Technische Universität Berlin

Prof. Ralf Pasel
Institut für Architektur | CODE | Entwerfen und Baukonstruktion

Leibniz Universität Hannover

Prof. Jörg Friedrich
IEG | Entwerfen und Architekturtheorie

Technische Universität München

Prof. Sophie Wolfrum
Lehrstuhl für Städtebau und Regionalplanung

Jade Hochschule Oldenburg

Prof. Hans Drexler
Konstruieren und Energie- und Gebäudetechnik

Technische Universität Wien

Prof. Marina Döring-Williams
Gast-Prof. Alexander Hagner
Fakultät für Architektur | Baugeschichte und Bauforschung

Hans Sauer Stiftung München

Dr. Ralph Boch

Inhalt

Refugees

Bis vor einer Woche habe ich in einer Flüchtlingsunterkunft gewohnt. Das Zimmer teilte ich mir mit zwei weiteren Personen. Es war sehr belastend, so zu wohnen. Ich bin sehr glücklich, dass ich nach einer monatelangen Suche eine eigene Wohnung in Eberswalde gefunden habe. Diese teile ich mir mit einem Freund, wir richten uns die Wohnung nach unserem Belieben ein. Außerdem habe ich in Eberswalde eine studentische Stelle in einem Architekturbüro gefunden. Leider muss ich täglich 90 Minuten einfache Fahrtzeit nach Berlin einrechnen, um an die Universität zu kommen. Ich bin glücklich über die eigene Wohnung und den Job, jedoch wünsche ich mir für die Zukunft eine Wohnung in Berlin, da für mich dort die Infrastruktur besser ist.

ABDULFATAH, 24
ALEPPO, SYRIEN

ABDALRAHMAN, 23
ALEPPO, SYRIEN

Ich wohne seit einem Jahr in einer Flüchtlingsunterkunft in Luckenwalde in Brandenburg. Da ich meine Papiere während der Flucht verloren habe, bin ich gezwungen dort zu bleiben. Es kann noch Monate dauern, bis ich neue Papiere bekomme. Keiner weiß, wie lange ich noch warten muss. Ich habe ein eigenes Zimmer im Heim, jedoch teile ich mir mit ca. 300 Personen drei Küchen und drei Bäder. Es ist sehr anstrengend so zu leben. Ich muss für die Deutschprüfung sehr viel lernen. Wenn ich das Examen nicht bestehe, bekomme ich keine Papiere und kann hier nicht studieren. Ich würde sehr gerne in einer eigenen Wohnung leben, jedoch wäre ich sehr zufrieden einen Platz in einem Studentenwohnheim in Berlin zu bekommen.

Derzeit lebe ich mit einer Familie außerhalb von Berlin. Sie helfen mir, mich in Deutschland zurecht zu finden. Allerdings wünsche ich mir ein Zimmer in einer eigenen Wohnung, wo mich zu Hause fühlen kann. Es ist schwer in Kontakt mit Deutschen zu kommen. Daher würde ich gerne mit gleichaltrigen Einheimischen zusammenleben, um die Kultur besser kennenzulernen und Freunde zu finden.

AHMAD, 27
KABUL, AFGHANISTAN

HADI, 19
MASYAF, SYRIEN

Endlich habe ich eine eigene Wohnung gefunden. Nächsten Monat werde ich mit einem Freund dort einziehen und mein eigenes Zimmer haben. Darüber bin ich sehr glücklich! Ich habe noch keine langfristige Aufenthaltsgenehmigung und darf somit nicht an den Integrationskursen teilnehmen.
Daher versuche ich, mir Deutsch selbst bei zu bringen, jedoch ist das sehr schwer. Ich arbeite im Bundesfreiwilligendienst als Dolmetscher und helfe den ankommenden Flüchtlingen sich einzuleben. Die Aufgabe gefällt mir sehr, ich kann Menschen helfen und erfahre jeden Tag Wertschätzung für meine Arbeit. Ich wünsche mir, sobald wie möglich in Deutschland Biotechnologie studieren zu können. Das wäre mein Traum.

ALAN, 35
ALEPPO, SYRIEN

Ich bin mit meinem Bruder im September 2015 nach Berlin gekommen, wir wollten ein neues Leben in Deutschland anfangen. Seit Oktober leben wir in einem ehemaligen Hotel, dass privat an Flüchtlinge vermietet wird.
Seitdem wir unsere Aufenthaltsgenehmigung erhalten haben, teilen wir uns das 12 m² große Zimmer mit einem weiteren Flüchtling, da mit der Aufenthaltsgenehmigung die finanzielle Unterstützung der Regierung verringert wird und das Zimmer pro Person mehr als 1000 Euro monatlich kostet. Bisher konnten wir noch keine eigene Wohnung in Berlin finden, da zu den Besichtigungsterminen immer mehr als 30 Personen kommen und wir als Flüchtlinge keine Chance haben. Aber wir geben nicht auf! Nach zwei Panikanfällen und Krankenhausaufenthalten aufgrund meiner Angst nicht alles alleine schaffen zu können, habe ich mir vorgenommen, mich nur noch auf eine Sache zu konzentrieren.
Jetzt lerne ich erstmal Deutsch, das ist die Voraussetzung damit ich einen Job als Architekt im Innenausbau finden kann. Wir müssen in einem Monat aus dem Hotel ausziehen, da es wieder an Touristen vermietet wird. Das macht mir große Angst, aber ich weiß, wir können immer in einem Flüchtlingsheim unterkommen, bis wir etwas eigenes gefunden haben.

Vorwort

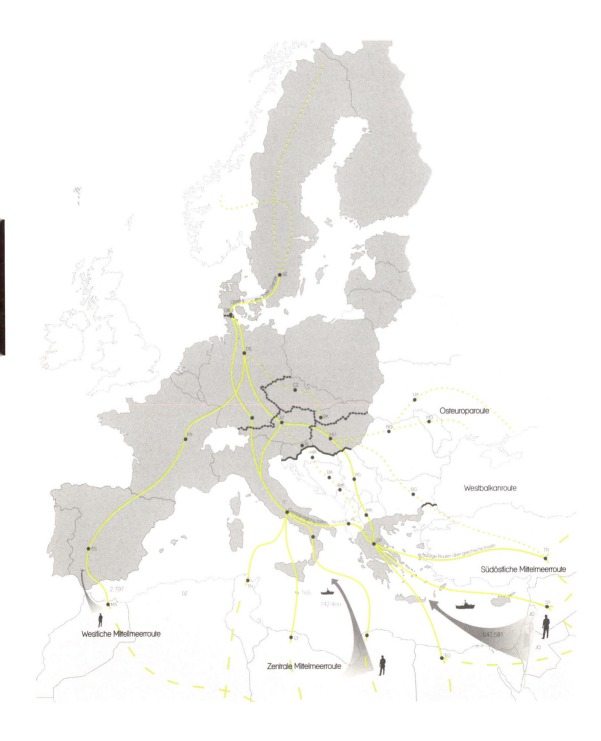

Osteuroparoute

Westbalkanroute

Südöstliche Mittelmeerroute

Westliche Mittelmeerroute

Zentrale Mittelmeerroute

RALF PASEL
ALEXANDER HAGNER
HANS DREXLER
RALPH BOCH

Flüchtlinge und Asylbewerber werden nicht erst seit der jüngsten Zuwanderungswelle völlig unzureichend untergebracht. Container, Traglufthallen oder Leerstände bieten zwar notdürftige Unterkunft, schließen die Menschen aber vom städtischen Leben, von Interaktion, Mobilität und Urbanität weitgehend aus. Das negiert nicht nur das weit zurückreichende und erfolgreiche Zusammenspiel von Migration und Stadtentwicklung, sondern auch die Realitäten des täglichen interkulturellen Miteinanders in den meisten Städten der Welt.

Guten Wohnraum für Menschen zu schaffen ist wiederum die ureigenste Aufgabe von Architektur und Städtebau. Als im Jahr 2015 zahllose Notunterkünfte in urbanen Peripherien entstanden, empfanden das nicht mehr nur Engagierte und Aktivisten als unhaltbar. Architekten haben (nach jahrzehntelangem Desinteresse an diesem Thema) die Versorgung der nach Europa geflüchteten Menschen mit Wohnraum als eine Bau- und Gestaltungsaufgabe entdeckt. Das wiederum passt zu einem Ansatz, dem die Hans Sauer Stiftung zuletzt viel Raum gegeben hat: Social Design. Der Begriff bezeichnet eine gestalterisch basierte Auseinandersetzung mit gesellschaftlichen Fragen der Zeit und steht für partizipative, kollaborative und am Menschen orientierte Formen der Gestaltung. Was aber heißt das für das Thema Flucht, Migration und Wohnen?

Zunächst einmal bedeutet es, über Fragen der Unterbringung, des Ankommens und der Integration in neuer Form nachzudenken: Wie kann es gelingen, gute und wertige Orte des Ankommens und des Weiterkommens zu schaffen, die z.B. mit neuen Formen des gemeinsamen Wohnens, Lernens und Arbeitens den Menschen Zugänge und Perspektiven eröffnen? Orte, die die Menschen nicht nur unterbringen, sondern vielmehr den sozialen und kulturellen Transformationsprozessen, die Einwanderungsgesellschaften kennzeichnen, geeignete räumliche und gestalterische Formen geben; Orte, die auch der Diversität und dem Wandel der Bedürfnisse der nach Europa geflüchteten Menschen Rechnung tragen. Und darüber hinaus: Kann man auch die Prozesse des Planens und Bauens so gestalten, dass über Partizipation und Mitarbeit schon Teilhabe, Interaktion und Integration möglich wird?

Die Initiative Home not Shelter! will mehr als nur architektonische und städtebauliche Alternativen zu Containersiedlungen entwickeln. Vielmehr geht es um die Frage, wie auf unterschiedlichen Maßstabsebenen – von der Wohnung bis in den Stadtraum – mit gestalterischen Mitteln Austausch und Interaktion geschaffen werden kann. Und damit auch um die politische Frage, wie man von der organisierten Desintegration, für die ein Großteil der gegenwärtigen Praxis der Unterbringung steht, zu einer substantiell neuen Praxis, zu einer gestalteten Integration und Transformation kommen kann. Neue räumliche Formen des Wohnens, Lernens und Arbeitens können hier Angebote machen und damit zu Katalysatoren und Räumen des Übergangs werden.

Charta

Die Initiative Home not Shelter! hat das Ziel, neue, gemeinschaftliche, transitorische Wohnformen für Studierende, Flüchtlinge und neue Stadtbewohner zu entwerfen und umzusetzen. Ziel ist es, über hochwertige Gestaltung, neue räumliche und soziale Formen des Zusammenlebens Integration zu fördern und gesellschaftliche Transformation zu ermöglichen. In allen von der Initiative mitgetragenen Projekten sind die folgenden gestalterischen, räumlichen und sozialen Leitprinzipien zu verwirklichen.

LEITPRINZIPIEN

Die Projekte sind im städtischen Kontext von Hochschulorten anzusiedeln, in Quartieren mit großer Dichte, sozialer Durchmischung und gemischten Nutzungen.

URBANITÄT
DICHTE

Die Projekte realisieren ein differenziertes Programm aus privaten, gemeinschaftlichen und öffentlichen Räumen. Gemeinschaftsflächen und geteilte Nutzungen haben hohen Stellenwert.

PRIVATHEIT
ÖFFENTLICHKEIT

Die Projekte realisieren bestmöglich wandel- und anpassbare Räume, Raumprogramme und Nutzungen. Diese müssen sich wandelnden Bedürfnissen, Bewohnergruppen und (Nach-) Nutzungen bestmöglich sowie kurzfristig anpassbar sein.

ADAPTIVITÄT
FLEXIBILITÄT

In den Unterbringungen und Häusern sind Nutzergruppen und Nutzungen möglichst heterogen zu mischen. Im Vordergrund steht die Mischung von Studierenden/Auszubildenden und nach Europa geflüchteten Menschen, aber auch die zwischen Geschlechtern, Kulturen und Altersgruppen. Möglichkeiten und Angebote zur Mischung sind auf allen Maßstabsebenen – vom Einzelzimmer über Wohngemeinschaften bis hin zu Gemeinschaftsräumen und Außenbereichen – zu verwirklichen. In und um die Gebäude wiederum sind Wohnen, Lernen, Arbeiten, Freizeit und andere Nutzungen zu mischen.

MISCHUNG
HYBRIDISIERUNG

KONTAKT
AUSTAUSCH
ZUGÄNGLICHKEIT

Die Projekte realisieren auf allen Maßstabsebenen – vom Haus bis in den Stadtraum – (informelle) Orte, Zonen und Gelegenheiten des Kontakts und des Austauschs. Diese fördern Kommunikation, Interaktion und Kooperation unter Bewohnern, Anwohnern, Besuchern und anderen Menschen. Zugänglichkeiten sind sowohl im räumlichen als auch im inhaltlichen Sinne großzügig, breit gefächert und vielschichtig zu handhaben bzw. offen zu gestalten. Sie bilden die Schnittstelle zum bestehenden Quartier, zur Stadt und zum sozialen Umfeld.

PARTIZIPATION
KOLLABORATION

Mitsprache und Mitarbeit der zukünftigen Bewohner sowie anderer Stakeholder ist in allen Phasen – von der Planung über die Gestaltung und den Bau bis hin zur Nutzung - möglichst weitreichend zu ermöglichen. Partizipation heißt dabei nicht nur Mitwirkung, sondern auch Mitentscheidung. Projektarbeit ist – soweit möglich – kollaborativ anzulegen, d. h. in allen Phasen der Projekte sind den Beteiligten Erfahrungen von Selbstwirksamkeit und Autonomie zu ermöglichen. Alle Prozesse sind in diesem Sinne integrativ und damit transformativ anzulegen.

WERTIGKEIT
LEISTBARKEIT

Die Projekte schaffen leistbare und wertige Lebensräume. Wertigkeit stellt sich über Gestaltung, Prozessqualität, Wohnlichkeit, Bauqualität, Materialauswahl u.a. her, Leistbarkeit bedeutet, dass Wohnkosten in einem angemessenen Verhältnis zu den ökonomischen Möglichkeiten der Bewohnergruppen stehen müssen.

GESTALTUNGSANSPRUCH
ENTWURFSQUALITÄT

Die Entwurfsqualität und der Gestaltungsanspruch an die Architektur machen hochwertiges Design für jeden zugänglich.

GANZHEITLICHKEIT
SELBSTVERSTÄNDNIS

Die Projekte verstehen sich im besten Sinne des Wortes als ganzheitlich und fördern durch die Gestaltung von Lebensräumen Teilhabe an Stadt und Gesellschaft, ressourcenschonendes, kostengünstiges und klimaorientiertes Bauen sowie soziale Stabilität.

Film

BILD

Flüchtlingsunterkunft Berlin Tempelhof
© Dirk Dähmlow

Home not Shelter!

Krieg, Gewalt und Verfolgung, aber auch Armut und Not zwingen Jahr für Jahr Millionen von Menschen, ihre Heimat zu verlassen, um sich auf eine unsichere, oft lebensbedrohliche Flucht in Richtung Europa zu begeben. Hier hoffen sie Zuflucht, Unterstützung und Unterkunft und in manchen Fällen auch eine neue Heimat zu finden. Die Aufgabe der Gesellschaft ist es, diese Not leidenden Menschen aufzunehmen und zu versorgen. Das Asylrecht gibt hierfür einen (immer schmaleren) rechtlichen Rahmen, die Menschlichkeit einen ethischen. Die Aufgabe von ArchitektInnen und PlanerInnen wiederum ist es, geeignete Unterkünfte für die Menschen zu denken und zu entwerfen, die ihnen nicht nur kurzfristigen Schutz bieten, sondern auch langfristige Perspektiven eröffnen. Denn Wohnen ist nicht nur eine Frage der Unterbringung, sondern ein Grundrecht, das eng mit der Frage der Teilhabe an der Gesellschaft verknüpft ist. Es kann also nicht nur um die Unterkunft in Lagern oder Erstaufnahmeeinrichtungen (Shelter) gehen; vielmehr gilt es, Ideen, Visionen und architektonische Strategien zu entwickeln, wie die Menschen in das Leben von Städten und Kommunen integriert werden können. Es gilt Orte zu schaffen, die über das physische Ankommen hinaus Willkommen und Offenheit bieten und den Menschen Chancen und Weiterkommen eröffnen.

RALF PASEL
ALEXANDER HAGNER
HANS DREXLER
RALPH BOCH

BILD

Kurdische Flüchtlinge aus Syrien

‚ES GIBT KEINE FLÜCHTLINGSFRAGE, SONDERN EINE WOHNUNGSFRAGE!'

Die Initiative Home not Shelter! hat diese Aufgabenstellung mit den Mitteln von Architektur und Stadtplanung bearbeitet und Strategien entwickelt, um räumliche Bedingungen für Geflüchtete zu schaffen, die dem hohen Gut des Grundrechts auf Wohnen gerecht werden. Das bedeutet nicht nur Wohnraum zu schaffen, sondern vielmehr urbane Räume zu kreieren, die den komplexen Anforderungen in einer zunehmend diversen Gesellschaft gerecht werden und es allen Menschen gleichermaßen ermöglichen, aktiv an diesem Leben teilzuhaben. Räume einer solchen ‚Open City' generieren Chancen und bieten allen Bewohnern gleichberechtigen Zugang zu Infrastruktur, sozialen Netzwerken, Bildung, Arbeitsmarkt u.a.m.

Home not Shelter! hat die Frage in den Mittelpunkt gestellt, ob gemeinschaftliche Wohnformen von Flüchtlingen und Studierenden solche neuartigen Räume im Sinne einer ‚Open City' sein können. Für eine Verbindung von studentischem Wohnen und der Unterbringung junger Flüchtlinge spricht vieles: Neben der alters- und bildungsbedingten Offenheit vieler Studierender gibt es gewisse Parallelen der biographischen Lage. Beide Gruppen befinden sich in einem Lebensabschnitt, in dem sich neue Wege ‚in die Gesellschaft' eröffnen, sei es über den Arbeitsmarkt, den Bildungssektor oder eben über gemeinschaftliche Formen des Wohnens. Studierende gelten aufgrund ihres hohen Bildungsniveaus als vergleichsweise weltoffen, tolerant und interessiert an anderen Menschen und Kulturen. Hinzu kommt, dass Wohnen für Studierende meist temporären Charakter hat und auch durchaus unkonventionelle Wohnformen gesucht und ausprobiert werden. Studierende sind häufig selbst Ankommende in der neuen Stadt und haben ein besonderes Interesse an neuen sozialen Kontakten und dem neuen sozialen Umfeld. Zudem haben Menschen ähnlicher Altersgruppen unabhängig vom kulturellen und sozialen Hintergrund ähnliche Bedürfnisse und finden schneller gemeinsame Interessen.

Der zentrale Maßstab muss sein, wie die Menschen, die zu uns kommen, wohnen und leben wollen, welche Traditionen sie haben und welchen Gewohnheiten sie folgen. Wohnexperimente und gemeinschaftliche Wohnformen treffen dabei sicher nicht alle Wünsche und Bedürfnisse. Bei jungen Erwachsenen aber haben Formen des gemeinschaftlichen Wohnens mit transitorischem Charakter bereits eine gewisse Tradition. Das zeigt z. B. ein Blick in die Geschichte des studentischen Wohnens: Mit der Entstehung der ersten Universitäten beginnt auch das gemeinschaftliche Wohnen von Studierenden, zuerst in sogenannten Bursen oder Kollegien, später in Buden, im 20. Jahrhundert dann in den ersten (staatlich) organisierten Studentenheimen und schließlich seit den 1980er Jahren in studentischen Wohngemeinschaften. Anfänglich lediglich zur Unterbringung in gemeinsamen Schlafsälen konzipiert, sind Studentenheime heute durch ein Zusammenspiel aus privaten Räumen – in extremster Form als Mini-Appartements – und vielseitigen, großzügig angelegten Gemeinschaftsräumen gekennzeichnet. Dieses Zusammenspiel aus individuellen und kollektiven Räumen und Nutzungen ist stetiger Veränderung und Neuinterpretation unterworfen: Waren früher Stockwerksküchen wesentliche Kommunikationszonen, wird auf diese zugunsten von Teeküchen in den Einzelzimmern zunehmend verzichtet. Für die Gemeinschaftsräume bedeutet das, dass hier neue und komplexere Funktionen gefunden werden müssen. Das beginnt mit der Aufwertung der Erdgeschoss- und Eingangszonen zu einladenden Lobbybereichen über die wiederentdeckte Bedeutung von gemeinsamen Lernräumen als Co-Working-Spaces und erstreckt sich bis hin zu den nun attraktiv gewordenen ‚Washing Lounges' oder Party-Arealen mit echten Raumqualitäten. Die individuellen, privaten Räume selbst haben sich – abgesehen von der allmählich zur Ausschließlichkeit tendierenden Unterbringung in Einzel- anstatt in Doppelzimmern und den bereits angesprochenen all-inclusive-Mini-Appartements – in ihren Grundfunktionen Arbeiten und Schlafen nicht gravierend verändert.

Grundsätzlich gilt die Nutzergruppe ‚Studierende' als experimentierfreudig und eröffnet ein ‚Testfeld' für neue Wohntypologien und Lebensformen, und Studentenwohnungen fungieren oft als ‚Pionierbauten' in neuen Stadtentwicklungsgebieten. Vermehrt wird auch das Potential von kreativen Um- und Zwischennutzungen für studentisches Wohnen und Arbeiten entdeckt, genauso wie es bereits Entwürfe für mobile oder demontierbare Studentenwohnheime gibt. Innovative und neuartige Modelle bei der Kombination mit anderen Nutzergruppen betreffen bis jetzt nur Einzelbeispiele, etwa hybride Nutzerkonstellationen in generationenübergreifenden Projekten oder aber mit gesellschaftlich Benachteiligten: so im Projekt VinziRast von gaupenraub +/- in Wien, in dem Condrobs-Wohnheim für Flüchtlinge und Studierende in München oder bei einem Transformationsprojekt in chilenischen Slums von Pasel Künzel Architects, das illegale und temporäre Slumbehausungen von MigrantInnen in feste Wohnungen transferiert.

Gemeinschaftliche Wohnformen für Studierende haben es durchaus zu differenzierten Typologien und zur eigenen Planungsaufgabe geschafft, im Bereich der Unterbringung von Flüchtlingen sind Architektur und Städtebau davon noch weit entfernt. Neuere Beispielsammlungen und Ankündigungen auf dem Buchmarkt legen nahe, dass über die Kategorie der schnell errichteten Behelfsunterkunft nicht substantiell hinausgedacht wird. Angesichts der Tatsache, dass solche Provisorien – wie auch große Lager in den Herkunftsländern - die Tendenz haben, lange bestehen zu bleiben und die Menschen dort manchmal jahrelang untergebracht werden, ist das ein unhaltbarer Zustand. Dabei könnte es ja durchaus sein, dass neue Wohnformen zu ‚Living Labs' werden, die z. B. Studierende ins ‚Leben' und Flüchtlinge in die ‚Gesellschaft' begleiten, ‚Living Labs' die das Potential haben, die Herausforderung in eine Stärke umzuwandeln.

Die Entwurfsaufgabe wurde bewusst nahe an der Lebenswirklichkeit der Studierenden angesiedelt, die bei Home not Shelter! wesentliche Akteure waren: Sie sollten, ausgehend von ihrer eigenen Lage und ihren Erfahrungen, darüber nachdenken, wie ein Zusammenleben mit MigrantInnen ausgestaltet werden könnte. In den Entwurfsprojekten galt es, eine Balance zu finden zwischen Gemeinschaftsleben auf der einen und der Notwendigkeit und dem Wunsch nach Privatheit auf der anderen Seite. Dabei war zu berücksichtigen, dass die Menschen sehr unterschiedliche Erfahrungen und Schicksale mitbringen und die Möglichkeit haben sollen, sich ihrem eigenen Tempo entsprechend in die neue Gemeinschaft einzuleben. Sowohl der Einzelne als auch eine Gruppe von Menschen benötigt dafür spezifische Räume zum Wohnen, Leben, Arbeiten. Rückzugsorte einerseits, Räume der Begegnung und des kulturellen Austausches andererseits: Räume also, die die eigene individuelle Kultur respektieren und (Frei-)Räume für die Entwicklung einer neuen gemeinsamen Form des Zusammenlebens.

BILD

Flüchtlingsunterkunft Berlin-Spandau

Es darf nicht aus dem Blick geraten, dass ein beträchtlicher Teil der Flüchtlinge schwer traumatisiert ist, was auch in der Architektur und im Raumprogramm besondere Berücksichtigung finden soll. Genauso Räume für die Religionsaus-übung: Es kommen auch viele Menschen nach Deutschland, für die religiöse Orte und religiöse Praktiken noch große Bedeutung haben. Andererseits kön-nen Gemeinschaftsküchen niedrigschwellig Normalität herstellen und z. B. über gemeinsames Kochen und Essen Möglichkeiten zum Austausch bis ins städtische Umfeld hinein eröffnen, wie zahlreiche interkulturelle Kochprojekte eindrucksvoll zeigen (z. B. Kitchen on the Run). Überhaupt können erweiterte und nach ‚außen' geöffnete Nutzungen Schnittstellen zum urbanen Quartier bilden.

Der Einbezug weiterer Nutzungen in die Entwurfskonzepte ist in dem Zusam-menhang von zentraler Bedeutung. Dazu gehört, ehrenamtliche Hilfsangebote (etwa Deutschunterricht), das (Eigen-) Initiativen der Flüchtlinge und Studie-renden oder auch Werkstätten, Co-Working-Spaces, urbanen Gärten u.a.m. Raum zu geben. Denkbar ist auch, Ausbildungseinrichtungen aufzunehmen, in denen Studierende und MigrantInnen gemeinsame Lehrangebote zugäng-lich gemacht werden. Auch selbst initiierte Kurse sind vorstellbar: miteinander lernen – voneinander lernen. Bildungsangebote werden von den Flüchtlingen dankbar angenommen und passen zum Lebensalltag der Studierenden. Sport-angebote können zur Steigerung der Lebensqualität beitragen und Gemein-schaftssport ein niederschwelliges Angebot zur Anbahnung sozialer Kontakten sein. Angebote zur medizinischen Versorgung und therapeutischen Beglei-tung können Teil des Konzeptes sein wie auch ein ‚Welcome-Center', das den Flüchtlingen mit ihren oftmals traumatischen Fluchterfahrungen Hilfestellung in alltäglichen Lebenssituationen bietet.

Home not Shelter! spiegelt prototypisch eine Herausforderung wider, der die gesamte Gesellschaft gegenübersteht: gemeinsame Lebensräume für Menschen aus unterschiedlichen Kulturen, mit unterschiedlichen Biografien und in unterschiedlichen Lebenssituationen zu schaffen. Integrative Wohnprojekte können offene und aktivierende Wohnumfelder schaffen, in denen soziale Kontakte und nachbarschaftliche Beziehungen entstehen und gedeihen. Ein großer Teil der Menschen, die als Flüchtlinge zu uns kommen, wird wahrscheinlich langfristig bleiben. Für die Gesellschaft ist diese Zuwanderung eine Chance, die politisch und ökonomisch ergriffen und sozial und kulturell als solche gedacht und gestaltet werden kann. So wie die sogenannten ‚Gastarbeiter' in den Nachkriegsjahrzehnten wesentlich zur wirtschaftlichen Prosperität beigetragen haben, sind auch die neuen Mitbürger bereit, ähnliche Beiträge für unsere Gesellschaft zu leisten. Dazu benötigen die Menschen auch entsprechende räumliche Angebote und Möglichkeiten. Was fehlt, sind positive Visionen und Modelle, wie die Betroffenen schnell vom Status des ‚Flüchtlings' zu Mitmenschen, Mitbewohnern und Mitbürgern werden können, die dann als neue Nachbarn und Stadtbewohner hier leben. Das muss als Aufgabe formuliert und als Chance erkannt werden. ArchitektInnen und StadtplanerInnen sind gefordert, neue Ideen zu entwickeln, die Möglichkeiten aufzeigen, wie Räume bis hin zu ganzen Städten so transformiert werden können, dass sie einer Vielzahl und einer Vielheit von Menschen Wohnraum bieten und Perspektiven eröffnen. Dabei ist auch der Prozess des Planens und Bauens selbst in den Blick zu nehmen, auch dieser lässt sich im Sinne der Aufgabe partizipativ und kollaborativ ausgestalten. Ergebnis könnte eine europäische Kultur sein, die vielfältiger, offener und interessanter ist. Eine Kultur, die Orte der Begegnung und des Austauschs, aber auch der Privatheit und Geborgenheit für ‚alte' und neue Stadtbürger bietet.

Social Design

BILD
Gemeinsam bauen
Gemeinsam kochen, Kitchen on the Run

HSS

RALPH BOCH
CHRISTINA RISINGER
HANS SAUER STIFTUNG
SOCIAL DESIGN
ELEVATION DAYS 2016

Am Anfang von Home not Shelter! stand die Idee Heidelberger Studierender, ein leerstehendes Gebäude einer Kaserne zu einem gemeinschaftlichen Wohnprojekt für Studierende und Flüchtlinge umzubauen. Das Projekt in Heidelberg kam nicht zustande, aber die Idee entwickelte vor dem Hintergrund der ansteigenden Flüchtlingszahlen im Herbst 2015 ihre Dynamik. Die Hans Sauer Stiftung griff sie auf und konnte fünf deutsche und österreichische Professuren und Lehrbereiche aus dem Bereich Architektur und Städtebau überzeugen, im Wintersemester 2015/2016 entsprechende Aufgabenstellungen gemeinsam zu bearbeiten. So kam es, dass an der Jade Hochschule Oldenburg, der Leibniz-Universität Hannover, der Technischen Universität Berlin, der Technischen Universität München und der Technischen Universität Wien insgesamt fast 100 Studierende an der Entwurfs- und Bauaufgabe arbeiteten, Flüchtlinge und Studierende in gemeinschaftlichen Wohnformen unterzubringen.

Vereinbart wurde bewusst kein Wettbewerb, sondern ein kooperatives Verfahren, das thematische und lokale Schwerpunktsetzungen zulässt, gleichzeitig ein hohes Maß an Austausch und Zusammenarbeit beinhaltet. Verbindend war die Intention, qualitätsvollen, bezahlbaren und gemeinschaftlichen Wohnraum für Asylsuchende und Studierende zu schaffen, weniger mit Blick auf die im Herbst 2015 überall entstehenden Unterbringungsprovisorien, als vielmehr im Kontext der Zukunftsentwicklung einer zunehmend diversen und urbanen Gesellschaft.

Work in Progress

FFM

**WORKSHOP 1
AUFTAKT
FRANKFURTER KUNSTVEREIN**

Zu einem ersten Austausch und Einbezug externer Experten kam es bei einem gemeinsamen Kick-Off-Treffen aller Projektbeteiligten und der teilnehmenden Studierenden im Oktober 2015 in Frankfurt am Main. Der Themenschwerpunkt des Treffens ‚Neue Wohnformen für Flüchtlinge und Migranten' wurde in Form von Vorträgen und Diskussionen mit Architekten, Soziologen und Vertretern der Wohnungswirtschaft bearbeitet. Bei einer öffentlichen Podiumsveranstaltung im Frankfurter Kunstverein konnten Studierende und Gäste ausführlich mit den Referenten über Fragestellungen rund um die aktuelle Flüchtlingspolitik und -unterbringung diskutieren.

Eine Führung durch die Ausstellung ‚DAHEIM – Bauen und Wohnen in Gemeinschaft' des Deutschen Architekturmuseums mit einer Diskussionsrunde zu innovativen gemeinschaftlichen Wohnformen beschloss die Veranstaltung.

BILD

Podiumsdiskussion

Work in Progress

MORE THAN SHELTERS.

BLN

WORKSHOP 2
VORTRAGSREIHE
PODIUMSDISKUSSION
ORANGELAB BERLIN

Ein zweites Treffen fand dann im November 2015 in Berlin statt. Erste Kurz-präsentationen der Studierenden zeigten bereits eine Vielfalt an Perspektiven und Ansätzen, die ein weiteres Mal in Workshops, Diskussionen und bei Ex-kursionen kontextualisiert wurden. Wissen und Erfahrungen von Flüchtlings-initiativen, Kulturprojekten, Co-Working-Spaces, kollektiv betriebenen Werk-stätten und alternativen Wohnprojekten wurden den Studierenden zugänglich gemacht, so dass sie für ihre Arbeit auf eine Vielfalt von Hintergrundinformati-onen aus der interkulturellen Arbeit, aber auch des experimentellen Wohnens zurückgreifen konnten.

BILD

Diskussion

Work in Progress

VIE

**WORKSHOP 3
DEBATTEN
ENTWÜRFE
TU WIEN**

Bei einem weiteren Treffen im Dezember 2015 in Wien wurden Leuchtturm-projekte wie z.B. das Wohnprojekt VinziRast und das Hotel Magdas besucht. Im Mittelpunkt stand aber die Arbeit in gemischten Arbeitsgruppen an überge-ordneten Fragestellungen wie Partizipation, Einbettung in die Nachbarschaft/ das Quartier und interne Kommunikation. Eine öffentliche Podiumsdiskussion im Festsaal der Technischen Universität Wien befasste sich mit der Umsetzung von Projekten. Politiker, Stadtentwickler, Bauträger und Vertreter internationa-ler Organisationen diskutierten gemeinsam mit dem Publikum zu Themen des bezahlbaren Wohnens und der Projektrealisierung.

BILD

Arbeiten in gemischten Gruppen

Work in Progress

MUC

SOCIAL DESIGN ELEVATION DAYS
WORKSHOP 4
AUSSTELLUNG
IMPACT HUB MÜNCHEN

Seinen vorläufigen Abschluss und Höhepunkt fand die erste Phase von Home not Shelter! im Februar 2016 mit den Social Design Elevation Days 2016 in München. Dieses von der Stiftung etablierte Format wurde ganz dem Thema Home not Shelter! gewidmet. Eine Auswahl von Projekten und Studierenden wurden zu einer mehrtägigen Veranstaltung, bestehend aus einer Ausstellung, Workshops, Diskussionen, einem Design-Build-Abend u.a.m. eingeladen. Über 40 Experten und Stakeholder aus Politik, Wirtschaft und Flüchtlingshilfe wurden ebenso zu CoCreation-Formaten geladen, denen auch Betroffene aus Münchner Unterbringungen beiwohnten.

Im März 2016 wurden dann ausgewählte Entwürfe im Rahmen der Ausstellung ‚WIR MACHEN DAS' in der Architekturgalerie München der Öffentlichkeit zugänglich gemacht. Zusammen mit der Initiative ‚Wohnraum für Alle!' des Deutschen Werkbunds Bayern wurden über 100 Entwürfe von Planern, Architekten und Studenten mit Konzepten zur Flüchtlingsunterbringung gezeigt.

BILD

Hands-on-Workshop

Berlin

RALF PASEL

Das integrierte Wohnprojekt soll nicht nur konzeptionell mitten in der Gesellschaft stattfinden, sondern auch örtlich. Um eine möglichst optimale Integration der Migranten gewährleisten zu können und um ihnen einen möglichst unmittelbaren Zugang zum gesellschaftlichen Leben, zu persönlichen Kontakten und Freundschaften, zu Versorgung und Infrastruktur, zu Bildung, zum Arbeitsleben und vielem mehr zu ermöglichen, ist es von zentraler Bedeutung, einen ‚stabilen' Ort zu identifizieren, der auf soziokultureller Ebene gut in das städtische Gewebe eingebunden ist. Die zeitliche Ungewissheit, die ein inhärenter Aspekt der Entwurfsaufgabe ist, gilt es in der Ortswahl besonders zu berücksichtigen.

Es liegt daher nahe, Orte zu wählen, die bereits eine infrastrukturelle Grundversorgung aufweisen, an die unmittelbar angedockt werden kann. Im Idealfall Orte, die transformiert und neu ‚besiedelt' werden können und die das Potential aufweisen, einen städtischen Wandel herbeiführen oder beschleunigen zu können bzw. bereits einem gesellschaftlichen oder räumlichen Wandlungsprozess unterworfen sind. Beispiele solcher Orte könnten (leer stehende) Büro- und Gewerbeflächen sein, öffentliche Gebäude, die ergänzt oder transformiert werden können, Schulen, Kirchen, Universitätsgebäude oder auch Parkhäuser. Letztere bilden eine hochinteressante Typologie, da im Zuge der einer sich verändernden urbanen Mobilität der Individualverkehr zunehmend aus den Innenstadtbereichen verband wird und sich die grundsätzliche Frage stellt, wie mit dem architektonischen Erbe dieser ‚Post-Oil-Crisis-Ikonen' umzugehen ist.

PARKHAUS Da Parkhäuser bereits über eine grundlegende Versorgungsinfrastruktur und Gebäudetechnik verfügen, stellen sie eine ideale Trägerstruktur für experimentelle Wohn- oder Gemeinschaftsprojekte dar, die ihrerseits wiederum von katalysierender Wirkung für das direkte Wohnumfeld und das gesamte umliegende Quartier sein können. Hier lassen sich eine Vielzahl an Potentialen und Interessen bündeln, die sich gegenseitig verstärken und stützen und die einen ganz gezielten Beitrag zur Resilienz einzelner Stadtteile und Nachbarschaft leisten können.

Hinzu kommt, dass es inhärent an die ‚Typologie Parkhaus' ist, dass sich diese zumeist in zentralen städtischen Lagen befinden oder in Quartieren, die eine hohe infrastrukturelle Versorgung, eine gute An- und Einbindung in das städtische Umfeld, wirtschaftliche Leistungsfähigkeit und somit in der Regel auch eine meist solide gesellschaftliche ‚Stabilität' aufweisen.

QUARTIER Entscheidend für die Ortswahl ist, dass die zentralen Orte auch in ihrer politischen Struktur und administrativen Organisation gut gefestigt sind und bspw. über ein gut funktionierendes Quartiersmanagement verfügen, das äußerst wichtig für die strukturelle Integration der neuen Mitbürger ist. An solchen Orten kann ein multikulturelles Quartier entstehen, das unterschiedliche Einrichtungen beherbergt, die von den Neuankömmlingen benötigt werden und eine vielschichtige Durchmischung des Quartiers mit Einheimischen befördert, die bereit sind, den neuen Mitbürgern das Einleben zu erleichtern.

BERLINER FESTSPIELE Das Parkhaus der Berliner Festspiele in der Schaperstraße in Berlin Wilmersdorf stellt ein solches Vorbild dar, das sich exemplarisch zum Entwickeln von Integrationsstrategien qualifiziert und das als Trägerstruktur der Entwurfsprojektes dient. Es bildet somit den kontextuellen Rahmen und die örtliche Grundlage der studentischen Arbeiten.

Plan

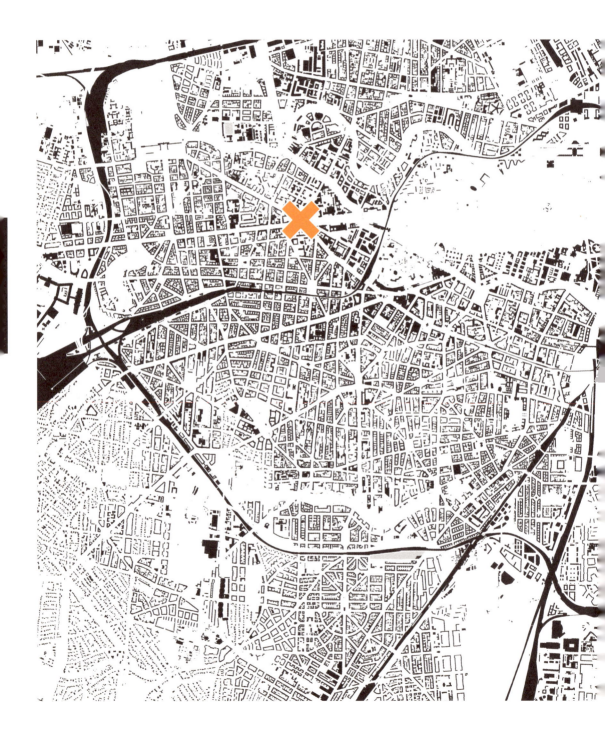

In Common

BILD

Blick vom Hof

‚ES IST BESONDERS WICHTIG, GROSSZÜGIGE GEMEINSCHAFTSRÄUME ZU SCHAFFEN, BEREICHE, DIE ZUM BEGEGNUNGSORT DER BEWOHNER WERDEN'

BLN1

RICARDA WEISSGÄRBER
LAURA GÄRTNER

MODULARES BAUEN
PARTIZIPATION
GEMEINSCHAFT
EFFIZIENZ
NACHHALTIGKEIT
TEILHABE
TRANSFORMATION
SELBSTBAU

Im Zentrum dieses Wohnprojektes steht das Zusammenleben junger Familien, studentischer Familien und Familien, die neu in Deutschland angekommen sind. In dieser Kombination sind sehr viele Potentiale zu entdecken: Gerade Kinder haben eine große Kommunikationsgabe und Offenheit, die ihnen eine schnelle und quasi intuitive Kontaktaufnahme ermöglicht; sie spielen zusammen, auch wenn sie nicht die gleiche Sprache sprechen. Eltern lernen über ihre Kinder. Die Integration der Kinder ist folglich das primäre Anliegen des Projektes. Im Haus angebotene (Sprach-) Bildung und gemeinsames voneinander und miteinander Lernen befördert Integration durch den aktiven kulturellen Austausch auch unter Erwachsenen, die sich in unterschiedlichen gemeinschaftlichen Bereichen des Gebäudes austauschen und begegnen können: im zentralen Innenhof, in den Gemeinschaftsräumen, die für vielerlei Veranstaltungen genutzt werden können, in den Seminarräumen und der Bibliothek, im yumliegenden Park. Die klare Zonierung der Grundrisse ermöglicht dabei einen subtilen aber ebenso hermetisch-konsequenten Übergang von den gemeinschaftlichen Bereichen bis in den Privatsphäre je nach Bedürfnis der Bewohner.

BILD

Bauablauf

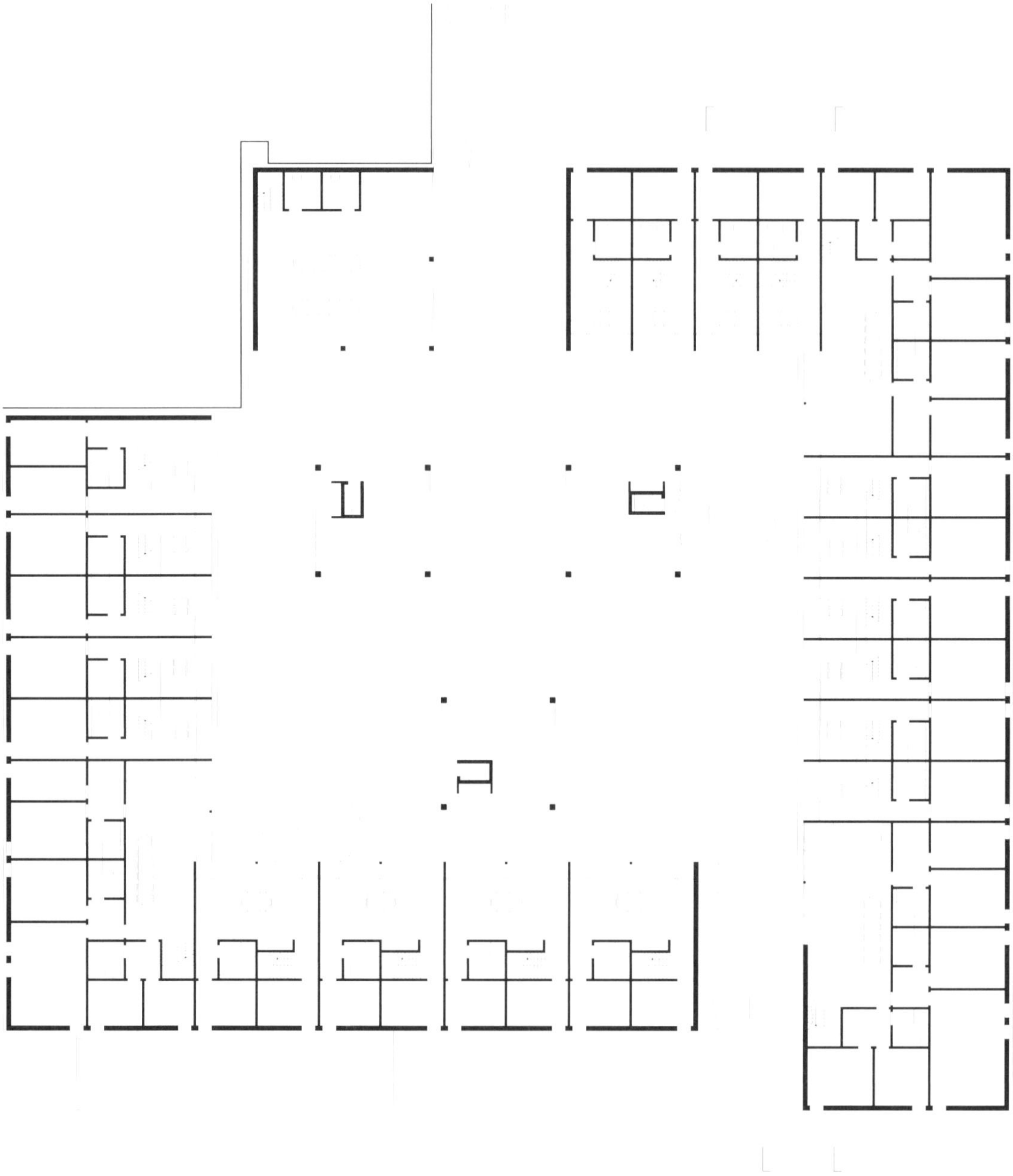

BILD

Grundriss

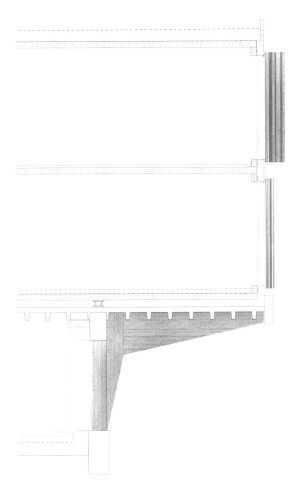

BILD

Detailschnitt und Ansicht

WohnKultur

BILD

Trennung der Räume mit Textilien

‚MENSCHEN NEHMEN AN NEUE ORTE IHRE LEBENSWEISE MIT, VERSUCHEN DIESE WEITERZUFÜHREN UND DIE RÄUMLICHEN PRINZIPIEN DER BISHERIGEN WOHNFORM DORT UMZUSETZEN'

BLN2

FRANZISKA HEIDE
HANNAH SCHMALL

MODULARES BAUEN
PARTIZIPATION
GEMEINSCHAFT
EFFIZIENZ
NACHHALTIGKEIT
TEILHABE
TRANSFORMATION
SELBSTBAU

Die Gesellschaft und Gastfreundlichkeit spielt eine große Rolle in der arabischen Kultur. Das Wohnhaus steht im Konflikt einen Schutzraum für die Familie zu bilden und zugleich immer für Gäste offen zu stehen. Anlässlich dieser Polarität findet sich schon zu Nomadenzeiten die Möglichkeit durch eine flexible Errichtung von Trennelementen das Zelt in einzelne (Funktions-)Bereiche zu gliedern. Auch bei der Betrachtung von Grundrissen heutiger Wohnbauten fällt auf, dass die Privatzimmer der einzelnen Bewohner streng vom Rest der Wohnung abgegrenzt sind. Die ursprüngliche Trennung in Familien- und Gästebereich beruhte darauf, dass es einen schützenden Bereich für die heiratsfähigen Frauen gab, in dem diese sich auch unverschleiert aufhalten konnten, wohingegen Männer, die nicht zur Familie gehörten, diesen Bereich nicht betreten durften. Eine subtile und wirkungsvolle, auf das gesellschaftliche Leben abgestimmte Architektur, zoniert die vielschichtigen, graduellen Übergänge des Projektes von den öffentlichen, kommunikativen Bereichen des Wohnens hin zu den privatesten Rückzugsbereichen. Die Typologie des Hofhauses wird neu interpretiert und entwickelt eine eigenständige und feinfühlige Architektursprache.

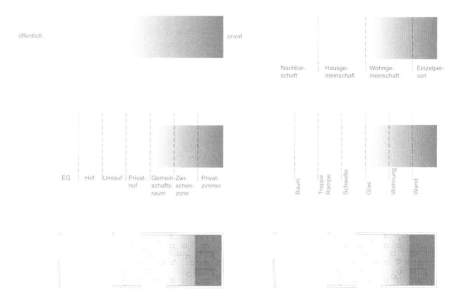

BILD

Staffelung der Privatsphäre

Varianten des Wohnmoduls

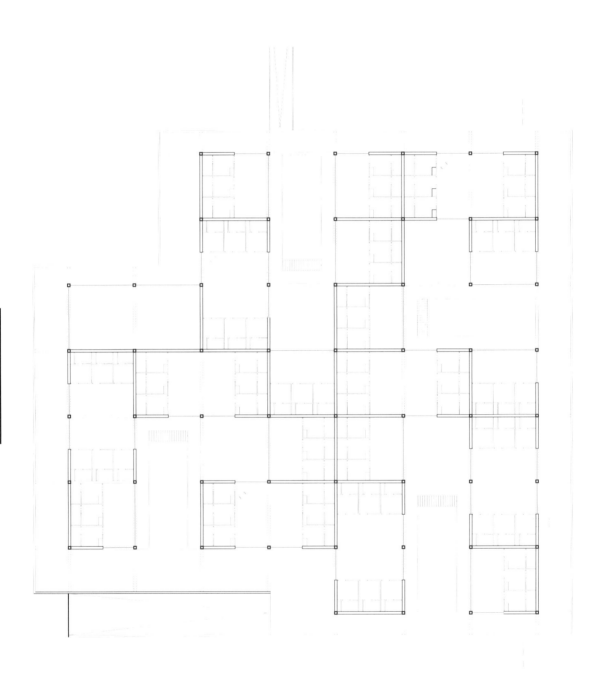

BILD

Grundriss

BILD

Gemeinschaftsräume unter dem Parkdeck

Hausprobieren

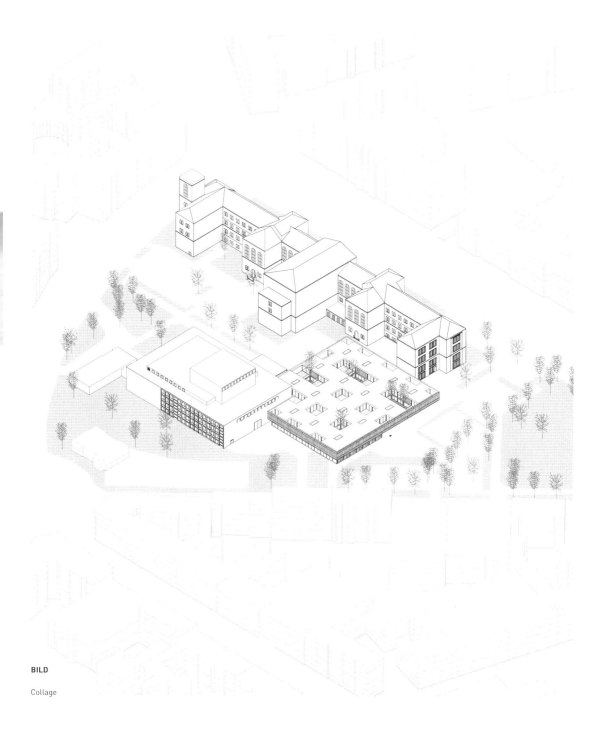

BILD

Collage

‚SOME THINGS YOU HAVE TO DO YOURSELF'

BLN3

LAURA DE PEDRO

MODULARES BAUEN
PARTIZIPATION
GEMEINSCHAFT
EFFIZIENZ
NACHHALTIGKEIT
TEILHABE
TRANSFORMATION
SELBSTBAU

HAUSPROBIEREN präsentiert die Vision eines Lebensraums, der Newcomern Teilhabe an Gesellschaft und Gestaltung von Stadt ermöglicht. Ein Netzwerk aus Partnern und Akteuren dient als Katalysator für ein innovatives Wohn- und Bildungsprojekt, bei dem die Erstellung des Hauses in Selbstbau Teil des Programms ist. Self-Empowerment und Sharing stehen dabei im Vordergrund.

Die sensible Aufstockung eines Parkdecks in Holzskelettbauweise fügt sich zu einem horizontal verdichteten Hofhausteppich. Der introvertierte Wohnbereich ist über Erschließung und Küche mit dem offenen Erdgeschoss verbunden. Hier befinden sich frei bespielbare Flächen für gemeinnützige Projekte, die die Vernetzung mit der Nachbarschaft fördern. Damit leistet HAUSPROBIEREN einen nachhaltigen Beitrag für eine vielfältige Gesellschaft.

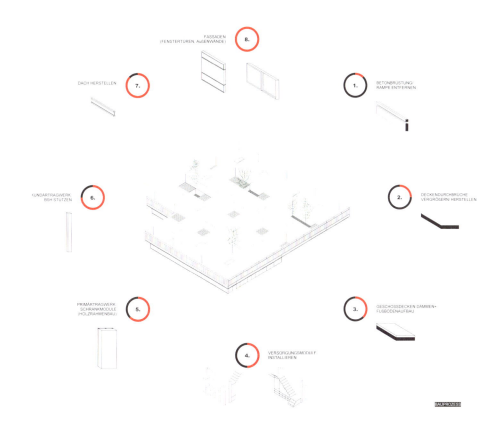

BILD

Bauprozess

◼ BAUKÖRPER

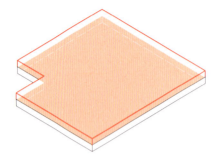

KUBATUR

Die eingeschossige Aufstockung fügt sich zu einem horizontal verdichteten Hofhausteppich und nutzt die verfügbare Fläche damit voll aus.

NUTZUNG

Das Erdgeschoss ist definiert durch variabel bespielbare Möglichkeitsräume, das Obergeschoss bietet introvertierte Wohnbereiche.

◼ KONSTRUKTION

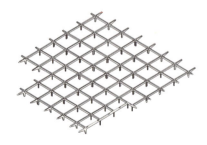

RASTER

Das Tragwerk des Parkdecks ist ein Stahlbetonskelett. Die Struktur des Bestands weist ein Raster von 7,50/7,90 auf.

VERSORGUNG

Bad und Küche sind als vorgefertigte Module gleichmäßig im Haus verteilt an einer gemeinsamen Versorgungswand angeordnet.

BILD

Baukörper

Konstruktion

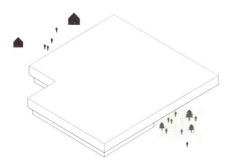

ERSCHLIEßUNG

Der Zugang zum Gebäude erfolgt über Norden
(PKW) und Süden (Fußgänger, ÖPNV). Den
beiden Eingängen sind jeweils Plätze
vorgelagert, die einen fließenden Übergang zu
Nachbarbebauung und Park herstellen.

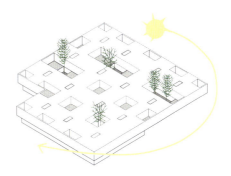

BELICHTUNG

Die Fassaden zu den Patios sind verglast,
damit viel Tageslicht in den Innenraum gelangt.
Sonnen- und Sichtschutz bieten bausetitig
integrierte Verschattungselemente. Oberlichter
leiten Tageslicht in die tiefen Bereiche.

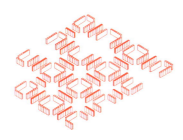

TRAGWERK

Um das Konzept in Selbstbau zu realisieren,
wurde ein System in Holzrahmenbauweise
gewählt. Das Tragwerk besteht aus tragenden
und raumteilenden Möbelmodulen, die in
Kooperation mit CUCULA entwickelt werden.

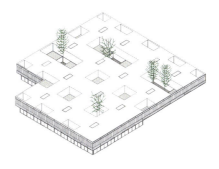

FASSADE

Fassaden- und Fensterelemente werden
aufgrund ihrer hohen konstruktiven
Anforderungen und dem vielschichtigen Aufbau
im Werk vorgefertigt und vor Ort befestigt.

Katalysator

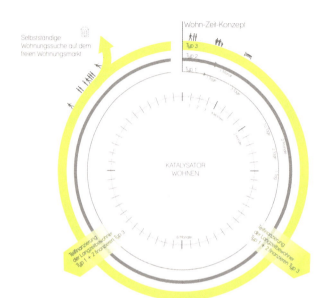

Selbstständige
Wohnungssuche auf dem
freien Wohnungsmarkt

Wohn-Zeit-Konzept

Typ 3
Typ 2
Typ 1

KATALYSATOR
WOHNEN

Teilfinanzierung
der Langzeitbewohner
Typ 1 + 2 finanzieren Typ 3

Teilfinanzierung
der Langzeitbewohner
Typ 1 + 2 finanzieren Typ 3

6 Monate

Typ 1
1-10 Tage
Reisende, Kurzzeitaufenthalt

Typ 2
1-6 Monate
Bewohner, Mittelfristiger Aufenthalt

Typ 3
6 Monate bis 1 Jahr
Bewohner, Längerfristiger Aufenthalt

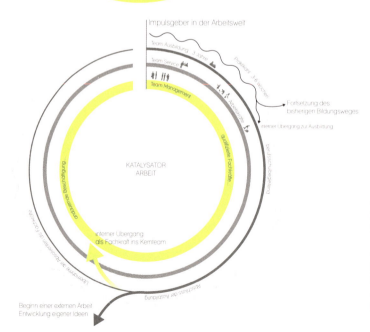

Impulsgeber in der Arbeitswelt

Team Ausbildung 3 Jahre
Team Service
Team Management

Praktikum 3-6 Wochen

KATALYSATOR
ARBEIT

qualifizierte Fachkräfte

Fortsetzung des
bisherigen Bildungsweges

interner Übergang zur Ausbildung

interner Übergang
als Fachkraft ins Kernteam

Beginn einer externen Arbeit
Entwicklung eigener Ideen

Team Management
Kernteam qualifizierter Fachkräfte Organisation und Verwaltung

Team Service
Hilfskräfte im Servicebereich Versorgung der Bewohner

Team Ausbildung
Praktikanten in allen Ebenen

BILD

Zyklus

‚ES MUSS RAUM FÜR EIN KONSTRUKTIVES UND PRODUKTIVES MITEINANDER GESCHAFFEN WERDEN, DER DEN MENSCHEN NEUE PERSPEKTIVEN ÖFFNET'

BLN4

**FRANZISKA POLLETER
SOPHIA LYKOS**

MODULARES BAUEN
PARTIZIPATION
GEMEINSCHAFT
EFFIZIENZ
NACHHALTIGKEIT
TEILHABE
TRANSFORMATION
SELBSTBAU

Wie kann man geflüchteten Menschen das Ankommen in Deutschland erleichtern? Das Projekt beschäftigt sich mit dieser Frage über eine analytische Herangehensweise und identifiziert dabei Bedürfnisse und Möglichkeiten unserer neuen Nachbarn. Die Entwicklung einer Integrationsstrategie dient den zugewanderten Menschen als Sprungbrett in den freien Wohnungs- und Arbeitsmarkt und in ein neues soziale Umfeld. Hierfür wird der demographische Wandel und die wirtschaftliche Entwicklung Deutschlands mit in Betracht gezogen, um Synergien zu erzeugen, die die Potentiale der Arrival City als Lebensraum der Zukunft besonders hervorheben. Auf dem Weg zu einem selbstbestimmten Leben ist der eigene Wohnraum unabdingbar.

Die angespannte Lage auf dem Wohnungsmarkt sowie bürokratische Hürden und begrenzte finanzielle Mittel erschweren die Wohnungssuche. Hierdurch wird der Einstieg in den Arbeitsmarkt zur existentiellen Bedingung. Die Schaffung eines durchmischten Wohnkonzepts für Menschen unterschiedlicher Herkunft und Aufenthaltsdauer, eines Ortes der Begegnung sowie das Angebot an Arbeits- und Ausbildungsplätzen bilden den Kern des Projektes. Sie erhöhen die Akzeptanz in der Gemeinschaft und beschleunigen die gesellschaftliche Integration.

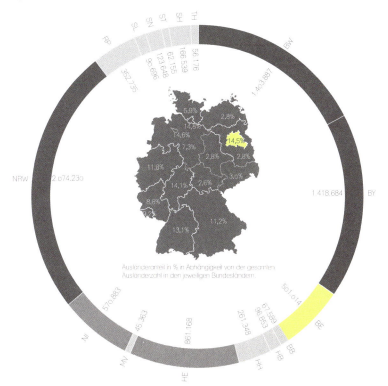

Ausländeranteil in % in Abhängigkeit von der gesamten Ausländerzahl in den jeweiligen Bundesländern.

BILD

Potential in Deutschland

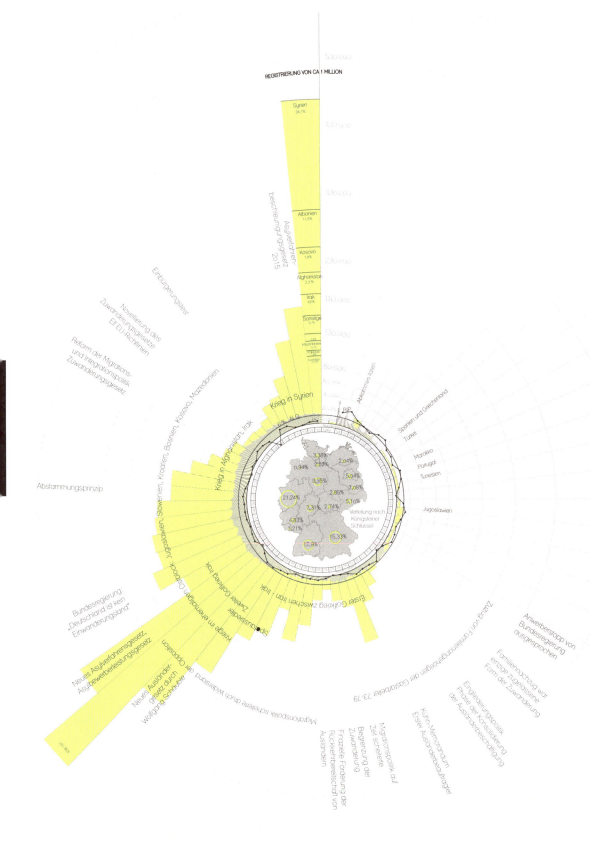

Entwicklung der jährlichen Asylantragszahlen

Ausländische Arbeitnehmer 1954-73 BRD

Verteilung nach Königsteiner Schlüssel

Entwicklung Arbeitslosenquote - Deutschland

Volkswirtschaftliche Gesamtrechnung
BIP - Deutschland

PARKdeck

‚SECHS FÜR MICH, 19 FÜR UNS. WIE VIELE QUADRATMETER BRAUCHST DU?'

BLN5

MICHEL CORDES
HANNO SCHRÖDER

MODULARES BAUEN
PARTIZIPATION
GEMEINSCHAFT
EFFIZIENZ
NACHHALTIGKEIT
TEILHABE
TRANSFORMATION
SELBSTBAU

Ziel des PARKdecks ist es, Berlins neuen Bewohnern – speziell Studenten und Flüchtlingen – ein erstes Zuhause in neuem Umfeld zu schaffen. Um die Möglichkeiten auf sprachliche und kulturelle Integration zu steigern, sind Räume der Begegnung und Orte des Austausches von größerter Bedeutung. Das PARKdeck Wohnprojekt setzt gemeinschaftlichen und privaten Raum in ein neues Verhältnis. Der private Raumanteil wird zugunsten eines maximalen, kollektiv nutzbaren Gemeinschaftsbereiches auf ein Minimum reduziert. Gemeinschaftliche Sportbereiche machen PARKdeck zu einem aktiven Treffpunkt im Kiez und fördern Integration durch gemeinsame körperliche Betätigung. Das Wohnprojekt wird somit zum verbindenden Akteur im Quartier und zum Ort der Begegnung.

Um eine effiziente und kostengünstige Konstruktion zu ermöglichen, werden alle Stützen, Unterzüge und Geschossplatten vorgefertigt und vor Ort montiert. Das ‚Wohnregal' wird mit einer einfachen Gewächshausfassade umschlossen, wobei nur die privatesten Räume als hochisolierte Bereiche ausgebildet werden. Ein ausgeklügeltes Energiekonzept ermöglicht einen vielseitigen, saisonalen Gebrauch der unterschiedlichen Gemeinsachftsräume.

BILD

Isometrie Kontext

Hannover

Die Aufnahme von Flüchtlingen bedeutet die direkte Umsetzung von Politik in Raum.

JÖRG FRIEDRICH
PETER HASLINGER
SIMON TAKASAKI

Flüchtlings- und Migrationsbewegungen stellen langfristig eine der großen Herausforderungen für Städte weltweit dar. Die Aufnahme neuer Bewohner und deren produktive Teilhabe am städtischen Raum ist eine der wichtigsten Aufgaben unserer Gesellschaft, um ein funktionierendes und lebendiges Stadtgefüge sicherzustellen. Am Institut für Entwerfen und Gebäudelehre beschäftigen wir uns seit ca. 2 Jahren mit der Herausforderung und den Potenzialen der Aufnahme von Schutzsuchenden in Deutschland.

KONTEXT

Wir erarbeiten Vorschläge für alternative, innovative und prototypische Formen des Wohnens für Geflüchtete. Die Entwurfsarbeiten beziehen sich zunächst auf Lösungen innerhalb der Stadt Hannover. Sie sind strukturell jedoch so angelegt, dass sie modellhaft auf andere Städte und Regionen übertragen werden können.

Das Wohnen für Geflüchtete möchten wir nicht nur als Ort der temporären Wohnunterkunft begreifen, sondern als räumlichen Ausdruck, wie ein Land mit Fremden und Hilfesuchenden umgeht. Besonders interessiert uns der Prozess der Verstetigung: Wie wird ein Provisorium zum Zuhause? Wie gestaltet sich der Prozess, immer wieder neu ankommender Geflüchteter hin zur dauerhaften Integration in die Gesellschaft mit architektonischen Mitteln? Ziel ist es die Wohnqualität für die Unterbringung von Geflüchteten zu steigern. Der Fokus liegt dabei auf einer städtischen, nachhaltigen, integrativen Strategie zur Unterbringung von Geflüchteten.

WILLKOMMENSARCHITEKTUR Ziel ist es eine innovative Architektur zu entwickeln, die eine Alternative zu den herkömmlichen Wohncontainern darstellt. Erforscht werden sollen Wohnformen, die auf individuelle Bedürfnisse Ihrer Bewohner reagieren und für zukünftige Entwicklungen adaptiert werden können. Ebenso wünschenswert ist die Entwicklung einer programmatisch hybriden Typologie. So könnte zum Beispiel studentisches Wohnen und Arbeiten und das Wohnen Schutzsuchender eine interessante Kombination ergeben, da Studierende im Allgemeinen weltoffen, tolerant, als Gruppe selbst kulturell sehr vielfältig und in der Regel interessiert an anderen Menschen und Kulturen sind.

Das langfristige Ziel muss natürlich sein Geflüchtete in ‚normalen Wohnungen' unterzubringen, damit Sie ein selbstbestimmtes Leben verwirklichen können. Nur so kann Integration gelingen. Es braucht mehr finanzierbaren, innerstädtischen Wohnraum. Hier ist vor allem auch die Politik gefordert.

Plan

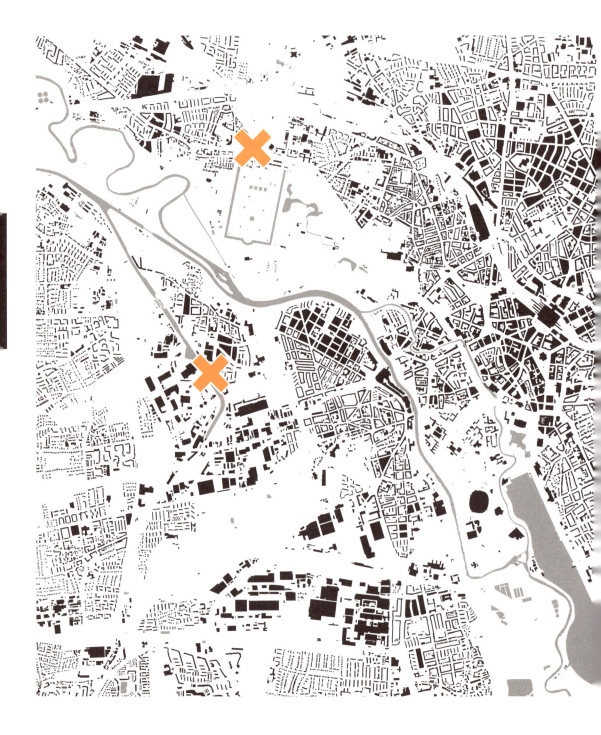

57m²-house

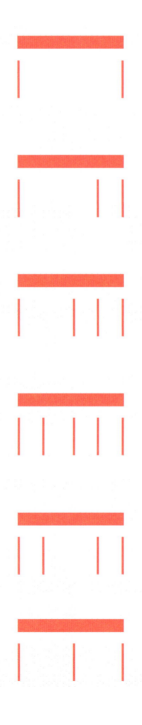

BILD

Schema Raumaufteilung

‚EIN GENERISCHES PRINZIP, DAS ORTSSPEZIFISCHE INTEGRATION FÖRDERT‘

MATHIS HUISMANS
JAKOB BOHLEN

MODULARES BAUEN
PARTIZIPATION
GEMEINSCHAFT
EFFIZIENZ
NACHHALTIGKEIT
TEILHABE
TRANSFORMATION
SELBSTBAU

Die Grundidee des Entwurfes ist es, ein allgemeingültiges architektonisches Konzept zu entwickeln, das ortsunabhängig geplant und folglich auf unterschiedliche Baugrundstücksgrößen angepasst werden kann. Ausgehend von einem kleinen 2- bis 3-geschossigen Gebäude wird ein Haus in Holztafelbauweise entwickelt, das bei der Planung an unterschiedlichste Bedürfnisse und Nutzungen anpassbar ist und im Alltag flexibele Nutzungen ermöglicht.

Die Themen Rückzug, Kommunikation und Funktion stehen hierbei im Fokus des Interesses. In einem kompakten Kern, welcher vorgefertigt auf einem LKW transportiert wird, werden die dienenden Räume wie Dusche, WC, Küche und Technik zusammengefasst. Dabei verzahnt sich der Küchenbereich als Kommunikationszone mit dem gegenüberliegendem Wohnbereich. Durch die geringen Spannweiten des Tragwerks kann der Wohnbereich je nach Nutzung unterschiedlich genutzt und gegliedert werden. So können angepasste Räume für Familien, Einzelmieter, Wohngemeinschaften oder auch Sondernutzungen entstehen.

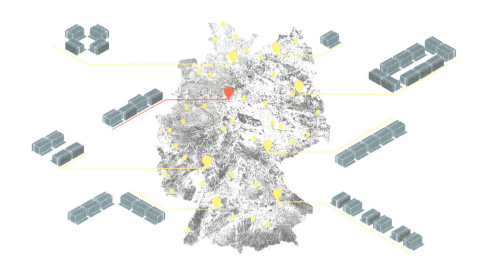

BILD

Verbreitungspotential

BILD

Ansicht

DIY

BILD

Blick durch die Gasse

‚PARTIZIPATION ÜBERBRÜCKT DIE WARTEZEIT, ERLEICHTERT DAS ANKOMMEN UND ERMÖGLICHT SELBSTBESTIMMUNG‘

HNV2

KATHARINA MARTINA BIER
JAN PHILIPP DRUDE
KIRA-MARIE KLEIN
LAURA CATHARINA WANDERS

MODULARES BAUEN
PARTIZIPATION
GEMEINSCHAFT
EFFIZIENZ
NACHHALTIGKEIT
TEILHABE
TRANSFORMATION
SELBSTBAU

Involving You – zukünftige Bewohner von Anfang an am Planungs- und Bauprozess zu beteiligen ist die Vision des Projektes zum selbstbestimmten Wohnen – für Flüchtlinge und Einheimische gemeinsam. Durch den Selbstbau entsteht ein Wertgefühl für das eigene Haus, während die Wartezeit des Asylverfahrens überbrückt wird. Zu Beginn erfolgt eine Wettbewerbsausschreibung unter Nachwuchsarchitekten für die Gemeinschaftshäuser, die zusammen mit den Erschließungskernen gebaut werden. Diese dienen als Erstunterbringung für ausgewählte Bewohner, von wo aus sie mithilfe von Workshops und Firmenpatenschaften in den Bau- und Planungsprozess mit einbezogen und qualifiziert werden. Ein Katalog dient als Inspirations- und Entscheidungshilfe. Der Erschließungskern mit Küche und Bad besteht aus Porenbeton-Plansteinen. Der Ausbau in Holzrahmenbauweise zwischen den Kernen, sowie die Innenwände in Trockenbauweise erfolgt in Eigenleistung. Die Setzung der Innenwände, Bodenbeläge, Fenstergrößen, Fassaden und Möbel werden individuell ausgewählt und gebaut. Bereits nach Fertigstellung der ersten beiden Geschosse sind die Häuser bewohnbar. Später kann bei Bedarf das dritte Geschoss ausgebaut werden. Die nun leeren Gemeinschaftshäuser werden für Start-Ups, Sozialarbeiter, Psychologen, Einzelhandel und als Gemeinschaftsräume genutzt. Der Entwurf ist städtebaulich flexibel gestaltbar.

BILD

Lageplan und Aufbau

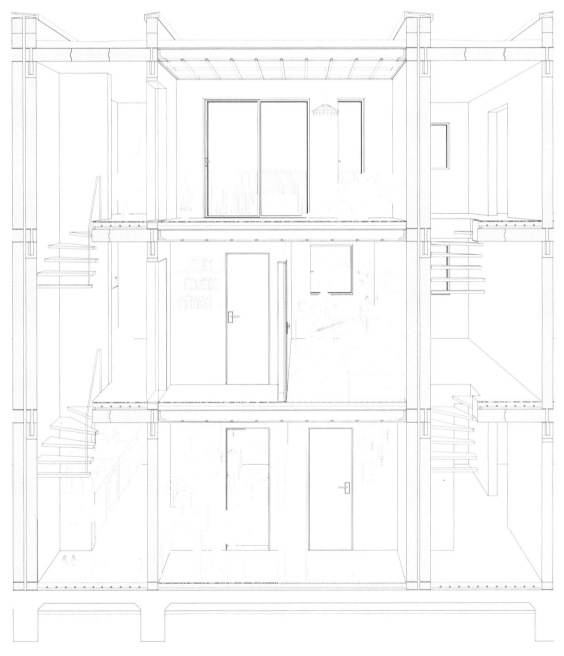

BILD

Schnitt

BILD

Wohnsituation

Hof · Haus

BILD

Blick vom Ufer

‚EIN HAUS DER GEMEINSCHAFT FÜR HEIMATSUCHENDE‛

HNV3

PAUL EICHHOLTZ
TOBIAS HASSELDER
ALISA KLAUENBERG
FABIAN WIECZOREK

MODULARES BAUEN
PARTIZIPATION
GEMEINSCHAFT
EFFIZIENZ
NACHHALTIGKEIT
TEILHABE
TRANSFORMATION
SELBSTBAU

Die freundliche Atmosphäre, mit der Geflüchtete im letzten Jahr an deutschen Bahnhöfen empfangen wurden, wurde bis jetzt kaum in den Unterkünften für diese Menschen umgesetzt. Viele Konzepte, die heute in Nutzung sind, fördern Agressionspotential durch fehlende Rückzugsorte und bieten keine Möglichkeiten zur Selbstbestimmung über das eigene Leben. Das Gebäude muss den Menschen Raum geben, ihre Persönlichkeit frei zu entfalten, jedoch ohne andere zu beschränken.

Im Mittelpunkt des Interesses steht das Schaffen von angemessenem und würdigem Wohnraum für Ankommende, der die Bewohner zum Interagieren, Kommunizieren und damit auch zum Integrieren einlädt. Der Entwurf ist ein Vorbild dafür, auch im gebauten Raum eine Willkommenskultur auszudrücken.

Der zweigeschossige Entwurf, der als Holzskelettbau konzipiert wurde, beherrbergt zehn Personen. Inspiriert von arabischen und asiatischen Wohnformen werden im Wohnkonzept die privaten Räume zugunsten eines großen und offenen Gemeinschaftsbereiches minimiert, der sowohl das soziale wie auch das räumliche Zentrum des Projekts bildet.

BILD

Modell

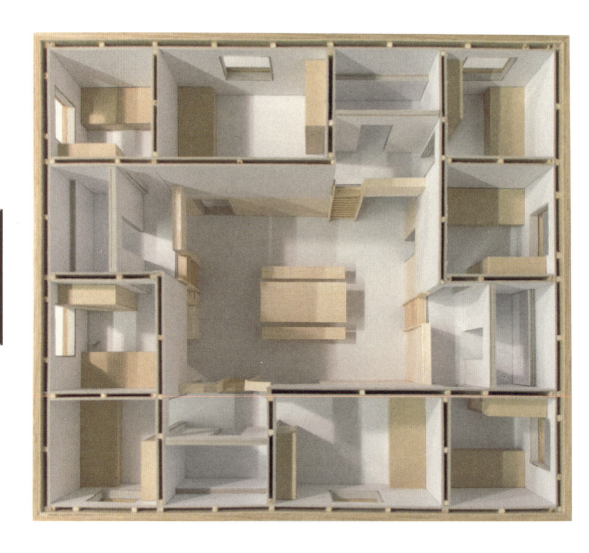

BILD

Modell

BILD

Zentraler Gemeinschaftsraum

coHouse

‚COOPERATIVE HOUSE‘

HNV4

JOANNA GIZELSKA
DARIA GLABOWSKA
AGNIESZKA GMAJ
KLAUDIA GOLASZEWSKA

MODULARES BAUEN
PARTIZIPATION
GEMEINSCHAFT
EFFIZIENZ
NACHHALTIGKEIT
TEILHABE
TRANSFORMATION
SELBSTBAU

Das Projekt ist eine moderne und modulare Struktur für die Grundbedürfnisse der Menschen, bietet einen sicheren und würdigen Ort zum Leben. Das Modul besteht aus zwei Zonen, die sich in Gemeinschafts- und Einzelzimmer aufteilen. Die beiden Raumtypen sind durch die ‚Regaltreppe‘ verbunden. Im Erdgeschoss befindet sich eine Küche mit einem gemeinschaftlichem Wohnraum und einem Bad. Der zweite Raumtyp ist eine Wiederholung der ersten, aber mit einem zusätzlichen Schlafzimmer im Erdgeschoss. Das ermöglicht einen privaten Eingang, ein Zimmer für Ältere, sowie eine kleine Terrasse zu schaffen. Der Dimensionierung des Moduls wird auf 2,5 m ausgelegt und passt somit in die Spannweite eines Parkhauses. Materialien (Holz, OSB und Gipskarton) sind kostengünstig und in Leichtbauweise einfache in der Verarbeitung. Die Idee dieses Entwurfes basiert darauf, Geflüchtete in die lokalen Bevölkerung zu integrieren, kulturellen Austausch zu fördern, die gegenseitige Sprache zu lernen. Das Parkhaus ist flexibel für verschiedene Arbeitsstätten nutzbar, z.B. eine Schreinerei, eine Schneiderei oder ein Lebensmittelgeschäft.

BILD

Explosionszeichnung Bauelemente

BILD

Schnittperspektive

80	12	69,87	9,98	3	1072
INHA BITA NTS	HOU SES	FLAT AR EA	AREA PER PERSON	CLASS ROOMS	AREA OF WORK SHOPS

BILD

Erschließungssituation

Living BIG

‚DIE BESTANDSERWEITERUNG ERMÖGLICHT VIELSCHICHTIGE BEGEGNUNGEN'

HNV5

**ALBERT LAQUA
CHARLOTTE REGIER
VANNIA CONTRERAS**

MODULARES BAUEN
PARTIZIPATION
GEMEINSCHAFT
EFFIZIENZ
NACHHALTIGKEIT
TEILHABE
TRANSFORMATION
SELBSTBAU

Der Aufbau befindet sich auf dem Dekanatsgebäude der Fakultät für Architektur in Hannover. Die Intention des Projektes ist es, die Integration zwischen Geflüchteten und Studierenden aktiv zu ermöglichen. Das Wohnprojekt kann sowohl von Geflüchteten und Studierenden gemeinsam bewohnt werden. Es befindet sich in einem belebten Stadtteil und trägt somit zur sozialen Durchmischung des Quartiers bei.

Die neue Gebäudeaufstockung wird durch Treppen erschlossen, die im Innenhof dieses Fakultätsgebäudes angeordnet sind. Oben angekommen, erschließt ein umlaufender Gang die Wohnungen, wobei sich jeweils zwei Wohnungen einen außenliegenden Eingangsbereich teilen, der vom Laubengang abgesetzt ist. Nach aussen teilen sich diese zwei Wohnungen einen gemeinsamen genutztes Gewächshaus dient, das auch als Fassadenbegrünung dient. Die Wohnungen selbst haben eine Grundwohnfläche von 28 qm inkl. Küche und kleinem Bad. Die Wohnungen sind grundsätzlich als Ein-Zimmer-Wohnungen gedacht, lassen sich aber einfach zusammenlegen und typologisch verändern. Verschiebbare Möbelwände können die einzelnen Räume unterteilen und zur Zonierung und Regulierung der Privatsphäre herangezogen werden.

BILD

Städtische Typologien

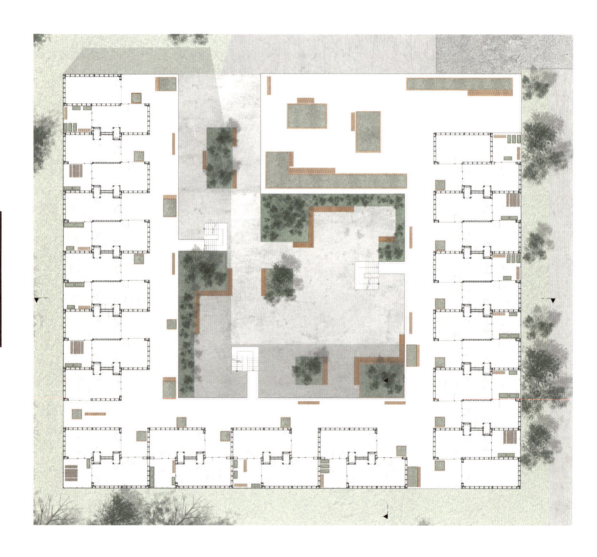

BILD

Grundriss

BILD

Modell

München

Das McGraw-Gelände befindet sich am südlichen Stadtrand Münchens. Als die US-Streitkräfte 1992 vom ehemaligen Kasernenareal abzogen, hinterließen sie ein Areal mit weitgehend leer stehenden Gebäuden und Flächen, die zum Großteil mit Altlasten kontaminiert waren. Ein 1970 erstellte Straßengraben, der angelegt wurde, um die militärische Nutzung damals abzuschirmen, teilt das Gelände in einen Ost- und einen Westbereich und stellt heute eine erhebliche stadträumliche Barriere innerhalb des Quartiers dar.

SOPHIE WOLFRUM
CHRISTIAN ZÖHRER

Der Westteil ist durch großmaßstäbliche Bebauung geprägt, auf dem Ostteil befindet sich überwiegend kleinteilige Wohnnutzungen mit großem Flächenpotential zur weiteren Entwicklung. Nach Durchführung eines städtebaulichen Wettbewerbs 1997 sind mehrere Versuche, das Quartier zu entwickeln gescheitert, so dass das Areal weiterhin auf seine Neugestaltung wartet.

ORT

Im Herbst 2014 wurde die Diskussion um das McGraw-Areal neu entfacht: auf Initiative des Innenministeriums wurden auf dem östlichen Teil des Geländes eine Erstaufnahmeeinrichtung für ca. 300 Flüchtlinge eingerichtet. Diese Containersiedlung wurde auf eine Dauer von 5 Jahren temporär angelegt, mit der Option zur Verlängerung um weitere 5 Jahre. Obwohl die Unterkunft vom umgebenden Stadtquartier mit Zäunen hermetisch abgegrenzt ist, stellt die aktuelle Situation eine große Chance für das weit unter seinem Potential genutzte Quartier dar.

SITUATION

EINFACH WOHNEN Die Fragestellung der Anwohner des McGraw Areals, warum das Areal nicht
endlich für eine dauerhafte Wohnnutzung entwickelt und als neues vielfälti-
ges Stadtquartier gestaltet werden kann, wird aufgrund der Erstaufnahmeeinrichtung endlich wieder offen diskutiert und führt zur eigentlich interessanten
Frage in diesem stadträumlichen Kontext: Wie können in einer wachsenden
europäischen Stadt wie München mit akutem Mangel an bezahlbarem Wohnraum und angesichts steigender Zuwanderungs- und Migrationsbewegungen
kostengünstiger Wohnraum sowie gemeinschaftsorientierte Wohnmodelle im
Stadtraum geschaffen werden, die zugleich urbane Teilhabe ermöglichten? Wie
gestaltet man ein Quartier, das Migration als integrativen Teil einer vielfältigen
und durchlässigen Stadtgesellschaft zulässt und Ankunft als Teilaspekt einer
gesamtgesellschaftlichen Frage nach bezahlbarem Wohnraum begreift? Diese
Fragestellungen wurden im Entwurf ‚Einfach Wohnen' untersucht. Die hier vor-
gestellten Entwurfsprojekte bieten Konzepte und Strategien für die städtebauliche Neuentwicklung des McGraw-Areals an, die exemplarisch zeigen, wie ein
Angebot sozialverantwortlicher Wohnmodelle Inklusion und Teilhabe am Stadtraum für alle ermöglichen kann. Dies könnte eine grundlegende Voraussetzung für die Integration von Ankommenden im Kontext der Stadt München sein.

Plan

M³

‚MITEINANDER MEHR MÖGLICHKEITEN'

MUC1

CARO BERGER
BETTINA HÄMMERLE

MODULARES BAUEN
PARTIZIPATION
GEMEINSCHAFT
EFFIZIENZ
NACHHALTIGKEIT
TEILHABE
TRANSFORMATION
SELBSTBAU

Um im neu geschaffenen McGraw Quartier eine breit gefächerte Bewohner-schaft anzusprechen, wurde auf das Konzept ‚drei Quartiere im Quartier' ge-setzt. Aufgespannt wird dies durch die hierfür entwickelten Marker, die sich an den Eckpunkten des Areals befinden und mit Sondernutzungen und Son-derwohnformen als spezielle architektonische Elemente die Wohnsiedlung bespielen. Diese Marker mit den Nutzungen ‚Lernen|Arbeiten', ‚Umsorgen|-Versorgen' und ‚Kultur' bilden durch ihre besonderen Standorte ein Dreieck, in deren Mitte sich Wohnen entwickeln kann. Sie setzen außerdem wichtige Akzente und Bezugspunkte in der Stadtstruktur. Die drei verschiedenartigen Wohnviertel, bestehend aus Block-, Punkt- und Zeilenbebauung, schaffen zu-dem durch ihre typologische Andersartigkeit einen hohen Identitätsfaktor für die Bewohner des neu geplanten Quartiers.

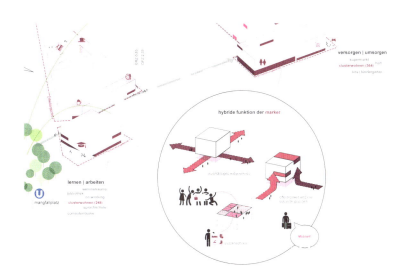

Bild

Vernetzung Stadtquartier

50qm

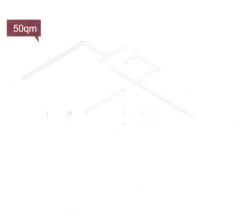

1 Zimmer
29, 35 bzw 42 qm

2 Zimmer
44 bzw 53 qm

3 Zimmer
50 bzw 51 qm

20qm

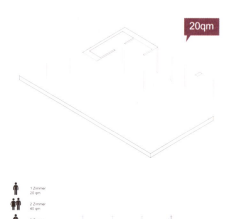

1 Zimmer
20 qm

2 Zimmer
40 qm

2 Zimmer
40 qm

50qm

1 Zimmer
37 qm

3 Zimmer
50 bzw 74 qm

5 Zimmer
90 qm

26qm

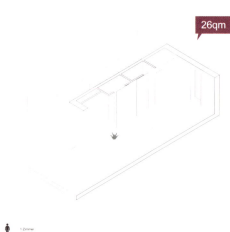

1 Zimmer
26 qm

3 Zimmer
52 qm

3 Zimmer
52 qm

Maisonette
78 qm

BILD

Wohntypen

Obst- &
Gemüse-
handel

Imbiss

Sport

Musik-
raum

Büro

Gemein-
schafts-
zimmer

Kita

Café

Büro

Büro

Quartiers-
bibliothek

Copy-
shop

Büro

Büro

Lotto

BILD

Schnittstelle Erdgeschoss

Gemeinsam in der Stadtfabrik

‚EIN ORT, UM SICH ZU ENTFALTEN, ANSTATT NUR ZU WOHNEN'

MUC2

MARIANNE SIGL

MODULARES BAUEN
PARTIZIPATION
GEMEINSCHAFT
EFFIZIENZ
NACHHALTIGKEIT
TEILHABE
TRANSFORMATION
SELBSTBAU

Dieser Entwurf hat das Anliegen, die besondere industrielle Atmosphäre des brach liegenden Grundstücks mit seinen angrenzenden Hallengebäuden und langen Zeilenbauten aufzugreifen und weiter zu führen. So wird mit dem Projekt ein Ort geschaffen, an dem die Wohnnutzung in den Regelgeschossen und das Erdgeschoss als produktiv-flexibler Bereich für Werkstätten, Ateliers und Kreativbüros zusammen konzipiert sind. Dabei sollen gemeinsame Ideen und Kooperation zwischen den verschiedenen Handwerkern, Künstlern und Bewohnern entstehen und so die Interaktion gefördert werden.

Neben der Möglichkeit zum Möbelbau und einem gemeinnützigen Projekt einer „Werkskantine" gibt es vielfältige Möglichkeiten zur Teilhabe am Quartier. Umliegend existieren bereits soziale Einrichtungen wie die Lebenshilfe und ein Wohnheim für erblindete Menschen mit eigener Werkstatt und Tonatelier. Auch hier sind Verknüpfungen vorgesehen. Insgesamt soll das Projekt zur Schaffung eines lebendigen Stadtbausteins beitragen – auf einem Stück Stadt, das diese besondere Art der Nutzung an dieser Stelle ermöglicht – zusammen mit Bewohnern, die offen sind für neue, gemeinschaftliche Formen des Zusammenwohnens.

Bild

Schwarzplan

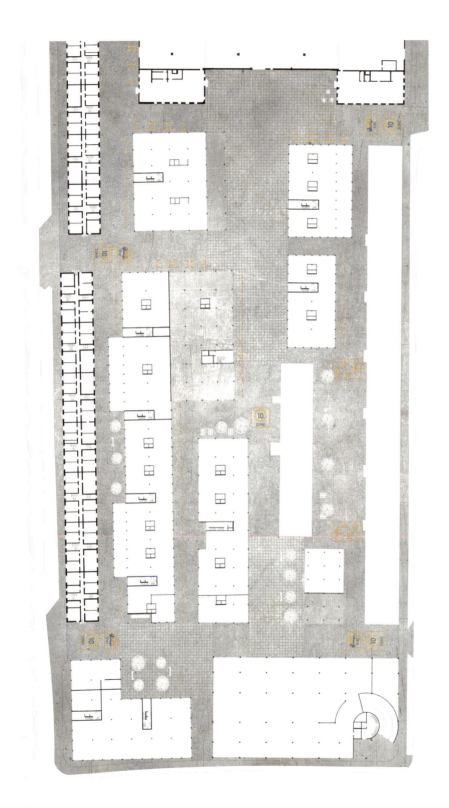

BILD

Schnittstelle Erdgeschoss

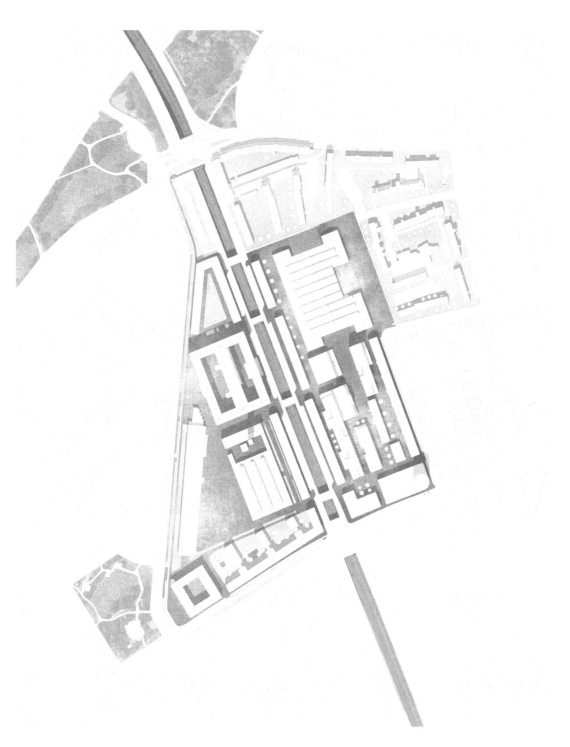

BILD

Lageplan

Zwischen den Zeilen

‚EINFACHES WOHNEN IN HOHER DICHTE WIRD ATTRAKTIV DURCH GEMEINSCHAFTLICHE NUTZUNGEN, SPANNENDE RÄUME UND DEN ZUGANG ZU ÖFFENTLICHEN FREIFLÄCHEN‘

MUC3

**MAXIMILIAN HAUN
LUDWIG MARX**

MODULARES BAUEN
PARTIZIPATION
**GEMEINSCHAFT
EFFIZIENZ**
NACHHALTIGKEIT
TEILHABE
TRANSFORMATION
SELBSTBAU

Das Projekt beschäftigt sich mit der Frage nach neuen attraktiven Wohnformen bei gleichzeitiger hoher Bewohnerdichte. Um die angestrebte Attraktivität im Quartier zu erreichen werden für die Bewohner Qualitäten, wie beispielsweise die direkte Zugänglichkeit zu Freiflächen sowie die Nutzung von größeren gemeinschaftlichen Räumen für Familientreffen, sportlichen Aktivitäten etc. geschaffen. Diese Qualitäten werden durch die Maximierung der kollektiv nutzbaren Gemeinschaftsflächen bei gleichzeitiger Minimierung der privaten Flächen ermöglicht.

Städtebaulich wurde dabei die bereits vorhandene Typologie der Zeile aufgegriffen und weiter entwickelt. Dabei stehen sich auf einem Baufeld jeweils parallele Zeilen gegenüber, die einen gemeinschaftlich nutzbaren Innenhof aufspannen.

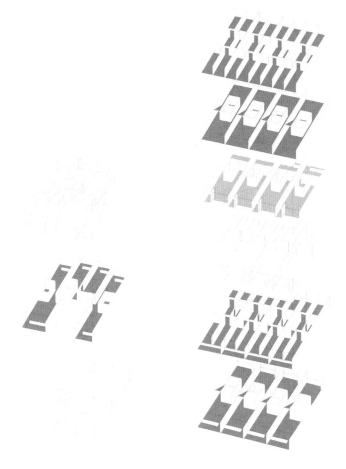

BILD

Modulare Struktur

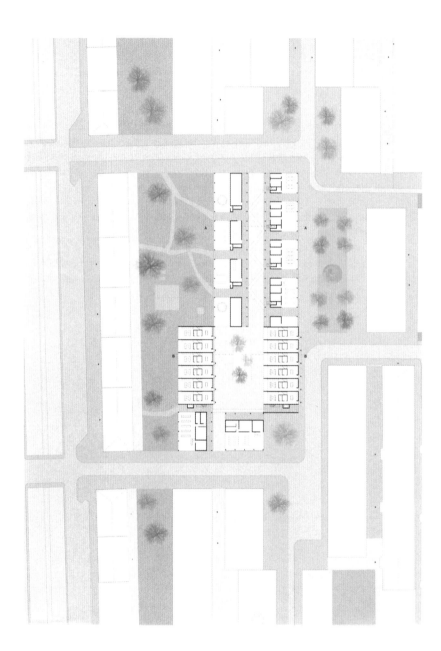

BILD

Erdgeschossebene

BILD

Lageplan

Klumpen

BILD

Urbane Zwischenräume

‚WIR BRAUCHEN NICHT NUR MEHR WOHNUNGEN, WIR BRAUCHEN AUCH ANDERE WOHNFORMEN'

MUC4

PHILIPP FINK
MAGDALENA MÜLLER

MODULARES BAUEN
PARTIZIPATION
GEMEINSCHAFT
EFFIZIENZ
NACHHALTIGKEIT
TEILHABE
TRANSFORMATION
SELBSTBAU

Im engen Korsett des sozialen Wohnbaus stellt sich die Frage, wie die zur Verfügung stehenden Flächen effizienter und attraktiver genutzt werden können. Eine wirkungsvolle Strategie ist dabei die Regulierung der Abstandsfläche. Statt verödete Rasenflächen und Abstandsgrün zu produzieren, rücken die Gebäude bis zur Grenze der Belichtbarkeit aneinander. Die so entstehenden besonders tiefen Gebäude können durch Wohnungen bespielt werden, die sich als doppelgeschossiger Raum zwischen Fassade und Lichthof konstituieren. Dieser hohe Raum kann durch flexible Wohn- und Schlafboxen bespielt werden. So kann eine einzelne Wohnung sowohl als dauerhafte, klassische Familienwohnung, als große Wohngemeinschaft oder als Flüchtlingsunterkunft belegt werden, die mit einfachen Mitteln temporär für bis zu 27 Personen dienen kann.

BILD

Clusterwohnung

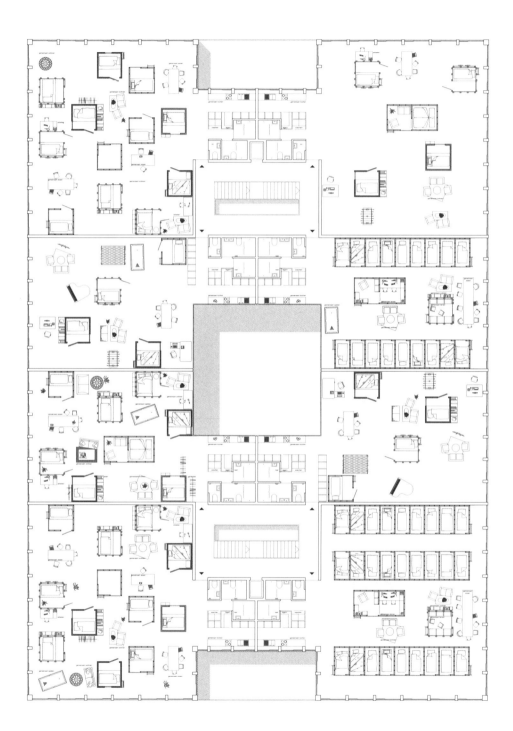

BILD

Beispielgrundriss

BILD

Schnittstelle Erdgeschoss

Oldenburg

HANS DREXLER

Die Stadt Oldenburg verfolgt für die Unterbringung von Geflüchteten ein dezentrales Konzept. Es sollen keine neuen Quartiere geplant werden, sondern innerhalb des Stadtgebiets Potentiale und kleinteilige Grundstücke, Brachen und Leerstände aktiviert werden. So wird ein organisches Wachstum der Stadt und eine Integration der neuen BürgerInnen in die Stadtgesellschaft begünstigt. Die Studierenden der Jadehochschule haben dementsprechend auf Restflächen in der Stadt kontextuelle Entwurfsprojekte entwickelt. Aus der Verortung der Wohnprojekte im Stadtgebiet erlangt die Frage der Integration eine städtebauliche und baukulturelle Dimension: Wie kann mit vertretbarem Aufwand ein Wohngebäude errichtet werden, dass trotzdem den hiesigen Vorstellung der Stadt entspricht? Hier spiegelt die entwerferische Herausforderung die gesellschaftliche: die integrativen Wohnformen sollen innovativ sein und neue Formen des Zusammenlebens ermöglichen. Gleichzeitig sind sie Teil der Stadt und stehen notwendig im Dialog mit der Umgebung. Auch die Menschen, die in den Gebäuden leben werden, erfinden ihr Leben neu und sollen dabei einen Platz in der Haus- und Stadtgemeinschaft finden.

**BAUKONSTRUKTION
ALS WEG ZUR INTEGRATION**

Schwerpunkt der Bearbeitung ist die baukonstruktive Umsetzung der Entwürfe. Die Baukonstruktion, die Materialisierung und der Bauprozess sind dabei nicht nur Ergebnis, sondern Ausgangspunkt des Entwurfs. Kostengünstiges Bauen lässt sich mit Low-Tech-Strategien verwirklichen. Um bezahlbaren Wohnraum für alle zu realisieren, der von den Beteiligten selbst erstellt werden kann, sind Lösungen gefragt, die Bauprozesse und Standards erheblich vereinfachen. Ausgangspunkt des Projekts ist die Beschäftigung mit einer handwerklichen Fertigung und einem Material als Bausystem. Dabei soll das Gebäude von den Bewohnern zum Teil in Eigenleistung errichtet werden. Entsprechend ist eine einfache Konstruktion zu entwickeln. Durch den baukonstruktiven Schwerpunkt wird der Entwurfsprozess erneuert: am Anfang steht nicht die städtebauliche Figur oder eine Form, sondern ein Material, dessen Eigenschaften und der Prozess der Verarbeitung.

Architektur ist ein Prozess und kein Produkt. Sie ist nicht auf ein vorgefasstes Bild hin gedacht ist, sondern entsteht in einem ergebnis-offenen Prozess. Auch für die neuen Städte und Gesellschaften kann es keine fertigen Bilder und Konzepte geben. Gemeinschaft entsteht im Dialog und Diskurs. Deswegen ist es wichtig, nicht mit schematischen, repetitiven und geschlossenen Systemen auf die aktuelle Herausforderung an Stadt und Gesellschaft zu reagieren, sondern Chancen aufzuzeigen, wie die Menschen selbst an der Gestaltung der Architektur und der Organisation des Zusammenlebens teilnehmen können. Der akademische Raum eignet sich in besonderer Weise für Visionen, Spekulationen und Diskussionen darüber, wie sich unserer Städte verändern können und müssen. Der Prozess der Umgestaltung und Integration ist eine große Herausforderung und entsprechend risikobehaftet. Hier bieten die Gedankenexperimente der Studierenden die Chance, Konzepte vor der Umsetzung in die Praxis gedanklich zu diskutieren, zu prüfen und zu validieren. Die im besten Sinne utopischen Projekte der Studierenden eröffnen einen Raum der Denk-Möglichkeiten, in dem sich alle Beteiligten diskursiv ein eigenes Konzept für die Integration erarbeiten können.

Plan

Inmitten
Dazwischen

BILD

Erschließungssituation

‚GEMEINSCHAFTLICHES WOHNEN AUF ALLEN EBENEN'

OLB1

JANA NOLTING
NINA KEMPER

MODULARES BAUEN
PARTIZIPATION
GEMEINSCHAFT
EFFIZIENZ
NACHHALTIGKEIT
TEILHABE
TRANSFORMATION
SELBSTBAU

Der Entwurf leitet sich aus folgender Pluralität ab: kleine persönliche Rückzugsräume und große gemeinschaftlich genutzte Flächen sowie öffentliche Bereiche als lokale Schnittstelle zwischen Gebäude und Quartier. Alle Bereiche werden durch ein 3 x 3 x 3 m großes räumliches Raster organisiert. Diese Grundeinheit bietet jedem Einzelnen seinen persönlichen Bereich mit Badezimmer, Bett, Schrank und Schreibtisch. Ergänzend gibt es große Gemeinschaftsbereiche in den Wohnungen, die als Kommunikations- und Integrationsebenen dienen. Hier wird gemeinsam gegessen, gekocht, gespielt und gearbeitet. Die Erdgeschossflächen stellen einen Bezug zur Öffentlichkeit her und bieten Räume für Begegnung und Partizipation und sind somit identifikationsstiftend. Das von Geflüchteten betriebene Café, die Werkstatt und das Antiquariat bieten hier einen konkreten Einstieg in die Arbeitswelt. Die Dächer sind als Freibereiche der Ateliers und für Urban Gardening nutzbar.

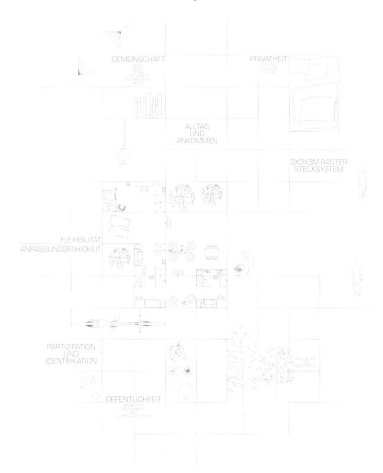

BILD

Schema für das Raster

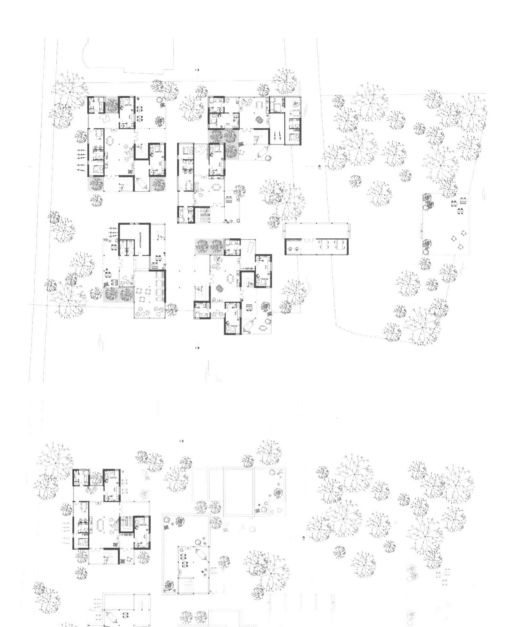

BILD

Grundrisse

BILD

Gemeinschaftsbereich

Housing Production

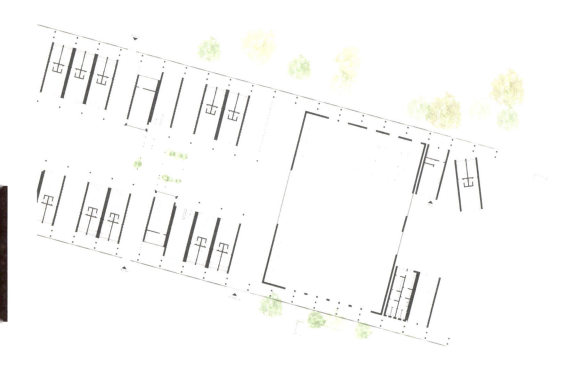

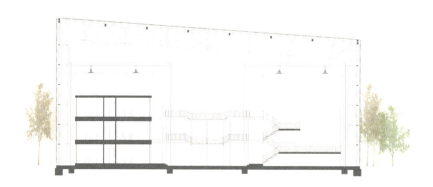

BILD

Situation im Bestandskontext

,DAS ANKOMMEN IN EINER NEUEN STADT
IST DER BEGINN EINES NEUEN LEBENSABSCHNITTS'

OLB2

**HEBA KOLODZIEJ
LISKA HINRICHS**

MODULARES BAUEN
PARTIZIPATION
GEMEINSCHAFT
EFFIZIENZ
NACHHALTIGKEIT
TEILHABE
TRANSFORMATION
SELBSTBAU

Das Grundstück liegt zentral in unmittelbarere Nähe des Hauptbahnhofs. Ein leerstehendes Gebäude auf dem vorderen Teil des Grundstücks soll zu einem gewerblichem Zimmereibetrieb umgenutzt werden. Für die zukünftigen Bewohner wird es möglich sein, hier eine Ausbildung zu machen und aktiv an der Produktion des eigenen Wohnraumes mit zu wirken. Unter der Leitung von Zimmerei-Meistern werden einfache Wohneinheiten für je 2 Personen hergestellt. Zudem gibt es gemeinschaftliche Aufenthaltsräume und Erschließungsmodule. Alle Raum-Module haben mit 5 x 11 Metern die gleichen Abmessungen und werden in Holzrahmenbauweise konstruiert.

Aufgrund des großmaßstäblichen städtebaulichen Kontextes wird das Grundstück von einer großen Halle überdacht, die Witterungsschutz bietet, thermisch jedoch nicht abgetrennt ist. So sind die einzelnen Module geringeren klimatischen Belastungen ausgesetzt, sind stapelbar und können beliebig aneinandergereiht werden. Ist in der Werkstatt eine Wohneinheit fertig gestellt worden, wird diese in die Halle versetzt und dort von einem Portalkran an Ort und Stelle positioniert. Die einzelnen Wohnungen werden über Laubengänge erschlossen. Ist der Wohnbedarf in Oldenburg gedeckt, können weitere Wohneinheiten für andere Städte produziert und mit LKWs dorthin transportiert werden.

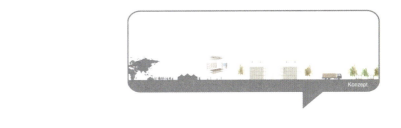

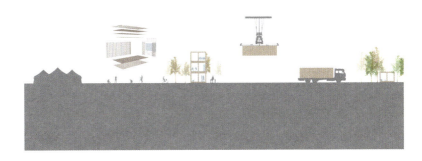

BILD

Konzept

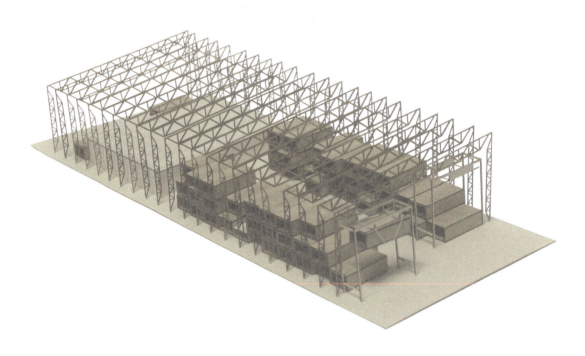

BILD

Modell

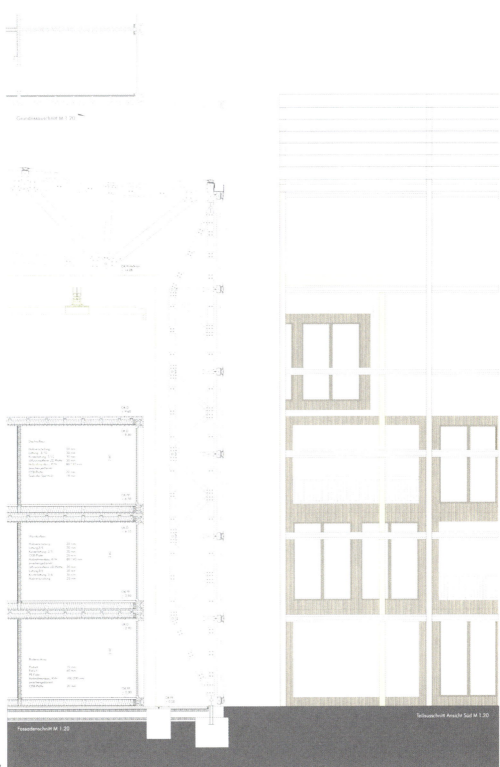

Grundrissausschnitt M 1:20

Teilausschnitt Ansicht Süd M 1:20

Fassadenschnitt M 1:20

BILD

Detailschnitt

Blickwinkel

BILD

Blick vom Hof

‚EIN PLATZ IN DER MITTE – FÜR DIE BEWOHNER UND DIE ÖFFENTLICHKEIT‛

OLB3

LEA JÜRGENS
HANNAH WOLF

MODULARES BAUEN
PARTIZIPATION
GEMEINSCHAFT
EFFIZIENZ
NACHHALTIGKEIT
TEILHABE
TRANSFORMATION
SELBSTBAU

Geplant wird ein Studentenwohnheim, das 24 Bewohner unterbringen kann. Das Gebäude ist in zwei Baukörper geteilt, um den privaten von dem öffentlichen Teil zu trennen. Beide Baukörper sind durch eine außenliegende Erschließung miteinander verbunden. In dem öffentlichen Teil des Wohnheims befindet sich ein von den Bewohnern organisiertes Café, welches öffentlich zugänglich ist und die Möglichkeit bietet, auch außerhalb des Wohnheims Kontakte zu knüpfen, eine Sprachschule, die MigrantInnen helfen soll, die anfängliche Sprachbarriere zu bewältigen und eine Bibliothek, die sowohl als Ort der Ruhe, aber auch als Ort des gemeinsamen Lernens dient. Der kollektive Gemeinschaftsbereich im Dachgeschoss kann von allen Bewohnern genutzt werden.

BILD

Konzeptskizzen

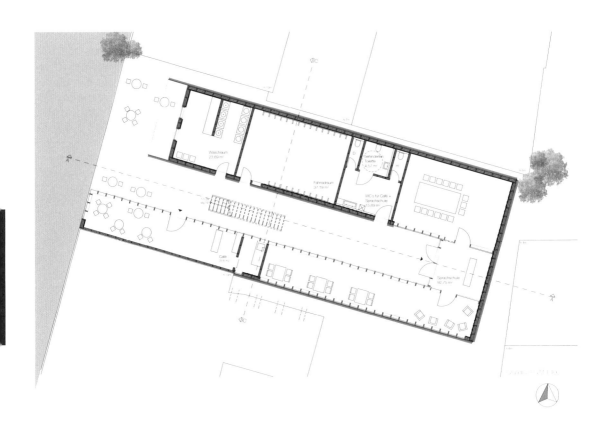

BILD

Grundriss im Erdgeschoss

BILD

Modell

Food Connects

‚ALTBEWÄHRTES MIT NEUEN IMPULSEN‘

OLB4

NICOLAS METTENBRINK
NIKLAS NAUSE

MODULARES BAUEN
PARTIZIPATION
GEMEINSCHAFT
EFFIZIENZ
NACHHALTIGKEIT
TEILHABE
TRANSFORMATION
SELBSTBAU

Der Entwurf gliedert sich in einen öffentlichen Bereich, der sich an der Straße befindet und mit seiner Form den Innenhof erschließt und einen privaten Bereich, der an den Bunker angeschlossen ist und sich im ruhigeren Teil des Grundstückes befindet sowie einer Produktionstätte und Fischzucht, welche im Bunker untergebracht ist.

Das Wohngebäude ist direkt an den Bunker angeschlossen und beherbergt auf dem Dach einen Garten. Dadurch entsteht ein privater Außenraum, in den sich die Bewohner des Projektes zurückziehen können, falls sie die Öffentlichkeit des Innenhofes meiden wollen. Der bestehende Bunker wird in seiner Form belassen. Es werden einige Ein- und Ausgänge hinzugefügt, um die Zugänglichkeit zu erhöhen. Zwei große Fenster erlauben dem Vorbeigehenden einen Einblick in das Treiben der Produktion.

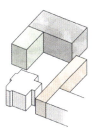
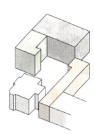
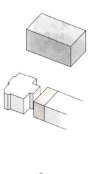
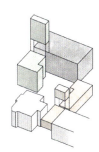
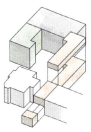

BILD

Konzept mit Bunker

BILD

Grundriss Erdgeschoss

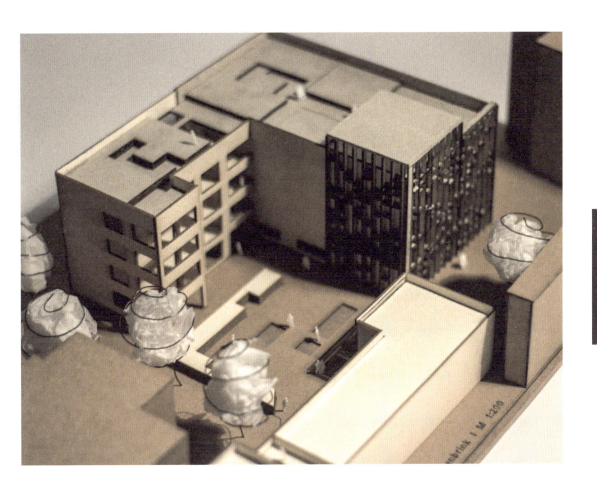

BILD

Modell

Wien

Die Relevanz von Home not Shelter! zeichnet sich durch die Möglichkeit ab, mit Studierenden eine Bauaufgabe jenseits von den beim Bauen sonst üblichen Businessmodellen zu denken und sich dem Thema mit visionären Ansätzen neu zu nähern.

MARINA DÖRING-WILLIAMS
ALEXANDER HAGNER
ELISABETH WERNIG

Fragen, die sich zuallererst der zu planenden Architektur zuwenden, generierten so Antworten, die den Nutzern und dem Umfeld gleichermaßen zugute kommen. Jene Frage aber, ob Architektur überhaupt etwas in einem gesellschaftspolitisch so schwierigen, sozialen Kontext zu leisten vermag, kommt hier gar nicht erst auf – die Antwort ist offensichtlich!

Das ‚wo?', das ‚wie?', das ‚wie viel?', das ‚mit wem?' und das ‚womit?' ist entscheidend für die Lebensqualität von Menschen. Die meisten Antworten darauf lassen direkt aus der Architektur, aus städtebaulichen Überlegungen, aus dem Raumprogramm, bis hin zur Konzeption der Oberflächengestaltung ableiten. Hier liegen die wesentlichsten Werkzeuge zur Integration von Flüchtlingen und zwar mit Hilfe der gebauten Umwelt. Denn kombiniert mit Partizipation, Nachbarschaftshilfe und auch Selbsthilfe, sind sie hervorragend geeignet einerseits die Betroffenen langsam aus dem Trauma der Ohnmacht zu holen und andererseits sind sie ideal für die Bevölkerung, um die, in der nun einmal gegebenen Nähe, so gefährliche Distanz zu überwinden.

RELEVANZ

Alle Projekte sehen im hybriden Ansatz der Behausung von zwei unterschiedlichen Gruppen, Studierende und Geflüchtete, eine win-win Situation. Große Chancen werden dabei erweiterten Funktionen zugeschrieben, die ergänzend zum privaten Wohnen eine gemeinschaftliche und eher aktive Tätigkeit ermöglichen. Der Einbeziehung der bestehenden Nachbarschaften wird dabei viel Raum geboten.

Die Gruppengrößen der zumeist vorgeschlagenen Wohngemeinschaften variieren stark, trotz einem allgemeinem Trend zur Überschaubarkeit. Etliche Arbeiten erschließen Potentiale mit Hilfe von Eigenbau und Flexibilität auch im Hinblick auf einen langfristigen Lebenszyklus der Gebäude. Andere wiederum verfolgen modulare Konzepte, ohne dabei jedoch der Monotonie Vorschub zu leisten. Die Vorschläge finden in Leerständen als Umnutzungen und Erweiterungen genauso wie in Baulücken als Neubauten statt – fast alle aber suchen den innerstädtischen Kontext. Während Studierende gerne von Stadtentwicklungen als Pionierpflanzen in ein Besiedlungskonzept hineingenommen werden, trauen sie sich selbst diese Funktion in Verbindung mit anderen Neuankömmlingen offenbar nicht zu – zurecht?

HYBRID

SOZIALE VERANTWORTUNG Auch wenn Home not Shelter! am Ende Fragen offenlässt, sind die vielen architektonischen Entwürfe zur Unterbringung von Menschen, deren Wohnversorgung vom Bildschirm der Gewinnmaximierer im Immobilienbusiness verschwunden war, nun reales Kapital.

Die Entscheidungstragenden müssen nun noch erkennen, dass der Grad an Wirtschaftlichkeit, der dann letztlich doch wieder über Bauen oder Nicht-Bauen entscheidet, hier von weit mehr Komponenten als Gebäudeinvestition und Rendite abhängt. Die Kosten für den Erhalt des sozialen Friedens oder für die Reparaturen seiner Beschädigung müssen bei der Unterbringung von benachteiligten Menschen mit einbezogen werden – wenn man es denn dann wirklich real und vor allem gesamtwirtschaftlich betrachtet – wenn man es sozialpolitisch betrachtet, sowieso!

DIE MACHT DER ARCHITEKTUR Viele sehen in den Anschlägen auf Charlie Hebdo und in denen des 13. Dezember 2015 in Paris direkte Folgen der miserablen französischen Integrationspolitik. Bei den Ausschreitungen in den Banlieus war der Architekturbezug deutlicher. Dennoch können wir generell davon ausgehen, dass vor allem die Art, wie wir wohnen, in hohem Maß auch unser übriges Leben und Handeln bestimmt. Die Beteiligten im Projekt Home not Shelter! sind sich jedenfalls dieser Macht von Architektur bewusst – den Projekten ist zu wünschen, dass Menschen in Politik und Bauwirtschaft sie als willkommene Gelegenheit entdecken, um ihre gegebene Verantwortung für die Gesamtgesellschaft zu übernehmen.
Wenn sich dann noch die Erkenntnis durchsetzt, dass nicht wir existieren, um Regeln und Richtlinien zu bedienen, sondern selbige den Zweck verfolgen müssen, zuallererst dem menschenwürdigen und friedlichen Zusammenleben aller zu dienen, steht einem erneuten Design-Build nichts mehr im weg: hands on!

Plan

Im_Puls

BILD

Privater Hof

‚AUFGABE IST SELBSTVERANTWORTUNG = GLEICHSTELLUNG IST AKZEPTANZ'

**JOHANNA WALDHÖR
MELANIE AICHINGER**

MODULARES BAUEN
PARTIZIPATION
GEMEINSCHAFT
EFFIZIENZ
NACHHALTIGKEIT
TEILHABE
TRANSFORMATION
SELBSTBAU

In den unterschiedlichen Phasen des Projektes werden im ‚Impulshaus' Potentiale, Fähigkeiten und Talente entdeckt, gefördert und vernetzt. Studierenden und Flüchtlingen steht Wohnraum gegen Mithilfe am Bau des eigentlichen Wohnhauses zur Verfügung. Die Infrastruktur bildet das Rückgrat des Projektes. Diese vorgefertigte Struktur wird zuerst errichtet und beinhaltet sämtliche Anschlüsse und Installationen für Wasser, Abwasser und Elektrizität. An das Rückgrat werden recycelte Elemente – wie etwa alte Container, Bauwägen oder Bauhütten – angedockt. Das verbindende und raumbildende Element ist eine Rahmenkonstruktion. Im Impulshaus sind die Privaträume sehr komprimiert, sodass die Bewohner angehalten sind sich zusätzliche Räume anzueignen. Durch diverse gemeinsame Aktivitäten werden (Opfer-)Rollen und Klischees aufgehoben und selbstverantwortliches Handeln gestärkt – Eigenständigkeit entsteht. Das Impulshaus dient als Schnittstelle zwischen der ansässigen Bevölkerung und den neuen Nachbarn. Im Stadtwohnzimmer herrscht reger Austausch. Der temporäre Charakter der Struktur unterstützt die Akzeptanz innerhalb der Nachbarschaft und ermöglicht ein flexibles Anpassen an neue Situationen: Notunterkünfte, Hostel, studentisches Wohnen, neue Impulse, …

BILD

Elemente und Aufbau

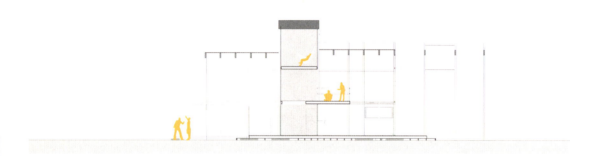

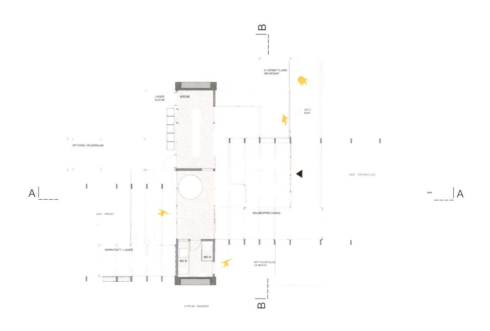

BILD

Schnitt und Grundriss

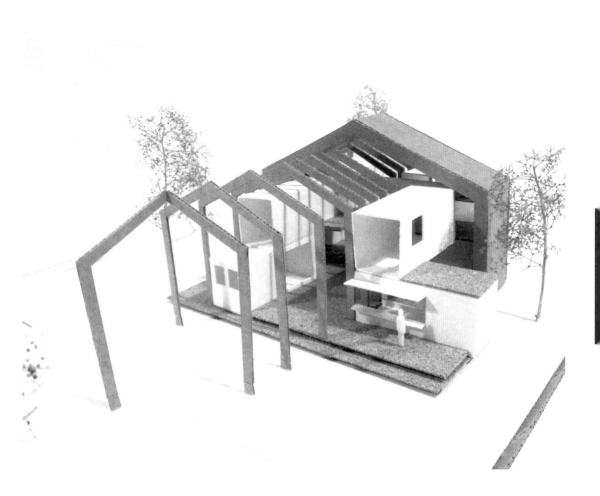

BILD

Modell

Suche Leerstand!

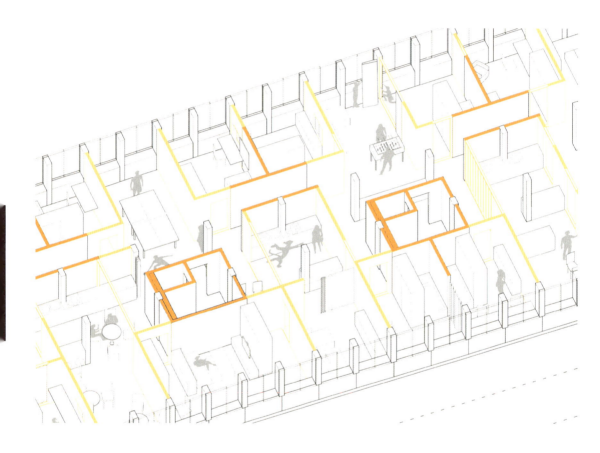

BILD

Axonometrie

‚VOM BÜROLEERSTAND ZUM WOHNZIMMER‘

VIE2

MANFRED THALLNER

MODULARES BAUEN
PARTIZIPATION
GEMEINSCHAFT
EFFIZIENZ
NACHHALTIGKEIT
TEILHABE
TRANSFORMATION
SELBSTBAU

Stellvertretend für eine Vielzahl von leerstehenden Gebäuden wird das sogenannte ‚Kurierhaus‘ in Wien Schritt für Schritt vom Büro zum Wohnraum umgewandelt. In einem ersten Schritt werden Zwischenwände entfernt und wichtige Installationen eingebaut. Erste Montagerahmen grenzen die Räume ab und machen das Gebäude bereits früh provisorisch bewohnbar. Der individuelle Raumabschluss wird von den Bewohnern selbst errichtet. Das bietet die Möglichkeit, nach eigenen Bedürfnissen über Raumaufteilung, Öffnungen und individuelle Gestaltung zu entscheiden. Zum Schluss entsteht ein vollwertiges Wohnhaus, in dem sich die Bewohner wohlfühlen können und welches bestehende, ungenutzte innerstädtische Flächen neu belebt. Angesichts großer leerstehender Büroflächen lassen sich zahlreiche weitere Gebäude für eine Umnutzung finden.

Selbst Bestimmen - Selbst etwas schaffen

Leerstand + Studenten Flüchtlinge + Werkzeug Materialien = eigenes Zuhause

Kriterien für leerstehende Gebäude:

- Skelettbau oder ähnlich flexible Struktur
- Gebäudetiefe von 12 -18m (beidseitig belichtet)
- mehr als eine vertikale Erschließung wünschenswert
- Erdgeschoß öffentlich nutzbar, Raum für Werkstatt
- städtische Lage, gut angebunden

BILD

Kriterien für Selbstbau

Schritt für Schritt
Vom Büro zum Wohnraum

- Herstellung der Installationen und Schächte durch Professionisten
- Entfernung Zwischenwände

- Errichtung Sanitär und Küche
- Bett und Kasten für jeden Bewohner
- vorläufiger Privatraum
- Gebäude bewohnbar

- Montagerahmen an bestehendem Raster
- Einteilung der Flächen

- individueller Raumabschluss durch Bewohner
- selbst Entscheiden über Erschließung, Öffnungen, Material, etc.

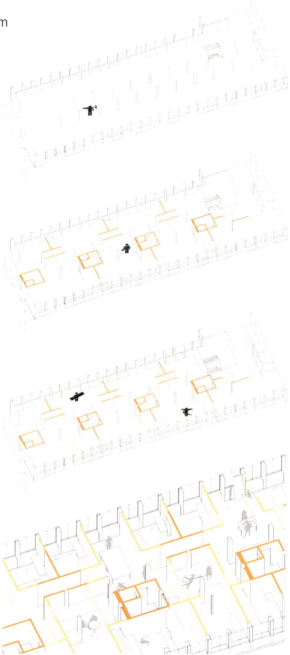

BILD

Modell

Parkhaus belebt

BILD

Dachlandschaft

‚MUSIK VERBINDET MENSCHEN UNGEZWUNGEN, SPRACHLOS UND EMOTIONAL EIN GEMEINSAMES INTERESSE FÖRDERT DIE GEMEINSCHAFT'

VIE3

PETRA PANNA NAGY

MODULARES BAUEN
PARTIZIPATION
GEMEINSCHAFT
EFFIZIENZ
NACHHALTIGKEIT
TEILHABE
TRANSFORMATION
SELBSTBAU

In diesem Projekt leben Studierende und Flüchtlinge, MusikerInnen und Interessierte nicht nur zusammen, sondern sie finden zu einander. Den Bewohnern wird eine mittelfristige Unterkunft und Raum für ihre Interessen geboten. Die Gemeinschaft, das Ausleben von geteilten Interessen und die Bildung einer Bewohnergemeinschaft stehen im Vordergrund. Es werden Bekanntschaften und Freundschaften geschlossen. Bands und Musikkollektive finden sich und tragen die Idee des Hauses über die Grundstücksgrenzen hinaus. Die Möglichkeiten der Querfinanzierung des Hauses u.a. durch die Vermietung von Proberäumen und einem Tonstudio, verleiht dem Haus die notwendige Selbständigkeit. Die Bespielung des Parkhauses bietet sich aufgrund der großen Gebäudetiefen hierfür an. Parkhäuser sind in der Stadt oft nicht genügend ausgelastet, wodurch sich die Frage einer Nach- oder Umnutzung stellt. Gerade das gewählte Objekt besitzt in Wien eine prominente und gut angeschlossene Lage in einem sich derzeit stark wandelndem Umfeld am Westbahnhof. In diesem Projekt soll das Parken mit den neuen Funktionen (Wohnen und Musik er/leben) co-existieren. Die Dachlandschaft, die ein Panorama bis zu den Grenzen der Stadt bietet, ist das Herzstück des Projektes. Sie soll nicht nur für die Bewohner, sondern auch für die Nachbarschaft zu einer wertvollen Erholungsfläche werden. Die Veranstaltungshalle, die sich ebenfalls zum grünen Freiraum orientiert, bindet die Stadt mit in den Entwurf ein.

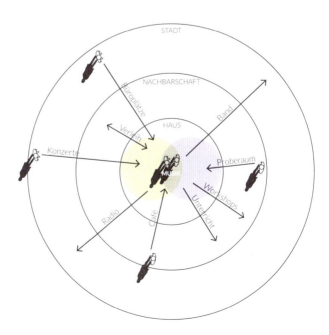

BILD

Konzeptdiagramm

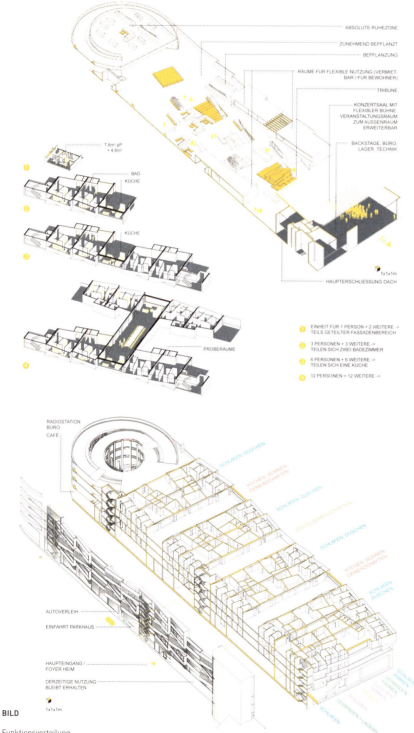

ABSOLUTE RUHEZONE

ZUNEHMEND BEPFLANZT

BEPFLANZUNG

RÄUME FUR FLEXIBLE NUTZUNG (VERMIET-
BAR / FUR BEWOHNER)

TRIBUNE

KONZERTSAAL MIT
FLEXIBLER BÜHNE
VERANSTALTUNGSRAUM
ZUM AUSSENRAUM
ERWEITERBAR

BACKSTAGE, BÜRO,
LAGER, TECHNIK

7.6m² pP
+ 4.8m²

BAD
KÜCHE

KÜCHE

1x1x1m

HAUPTERSCHLIESSUNG DACH

PROBERÄUME

① EINHEIT FUR 1 PERSON + 2 WEITERE ->
TEILS GETEILTER FASSADENBEREICH

② 3 PERSONEN + 3 WEITERE ->
TEILEN SICH ZWEI BADEZIMMER

③ 6 PERSONEN + 6 WEITERE ->
TEILEN SICH EINE KÜCHE

④ 12 PERSONEN + 12 WEITERE ->

RADIOSTATION
BURO
CAFÉ

SCHLAFEN, DUSCHEN

KOCHEN, WOHNEN
GEMEINSCHAFTEN

SCHLAFEN, DUSCHEN

GEMEINSCHAFTEN

SCHLAFEN, DUSCHEN

KOCHEN, WOHNEN
GEMEINSCHAFTEN

SCHLAFEN
DUSCHEN

AUTOVERLEIH

EINFAHRT PARKHAUS

SCHLAFEN
PARKEN
VERBINDEN
FAHREN
AUSSEN

HAUPTEINGANG /
FOYER HEIM

DERZEITIGE NUTZUNG
BLEIBT ERHALTEN

SCHLAFEN

VERBINDEN + LAGERN

BILD

1x1x1m

Funktionsverteilung

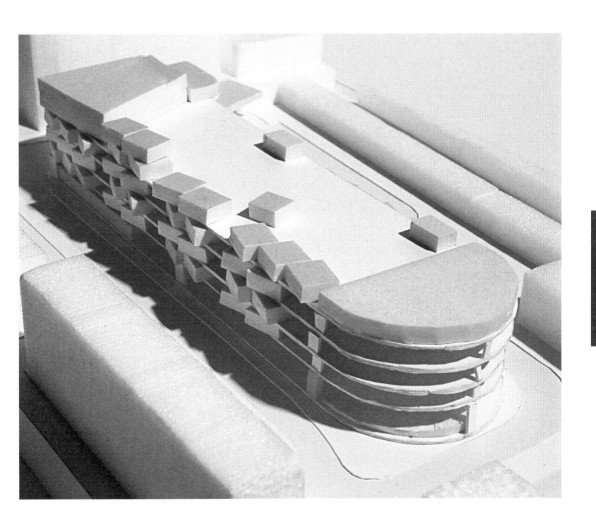

BILD

Modell

Function Follows Time

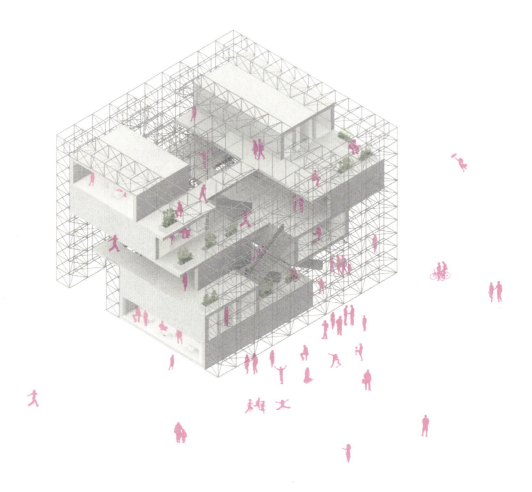

‚BETRACHTET MAN DIE FUNKTION IN ABHÄNGIGKEIT ZUR ZEIT, FÜHRT DIES ZU OPTIMALEN ÖKONOMISCHEN BEDINGUNGEN UND FÖRDERT KOMMUNIKATION'

VIE4

PIETER DE CUYPER

Das Studentenwohnheim basiert auf dem Thema ‚Zeit'. Räume lassen sich in ihrer gewünschten Funktion je nach Tageszeit und nach Bedarf umnutzen. Je nach Nutzung sind die Räume durch flexible Einbauten transformierbar. Mit diesem Konzept kann schnell und dynamisch auf den Leerstand der Stadt reagiert werden. Diese minimalen Eingriffe können durch die Bewohner selbst aktiv mitgestaltet werden, sie fördern die interne Kommunikation, stärken das soziale Potenzial und sind ökonimischen Bedingungen einfach realisierbar.

MODULARES BAUEN
PARTIZIPATION
GEMEINSCHAFT
EFFIZIENZ
NACHHALTIGKEIT
TEILHABE
TRANSFORMATION
SELBSTBAU

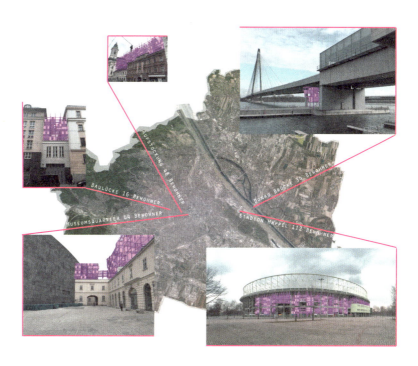

BILD

Potentielle Orte

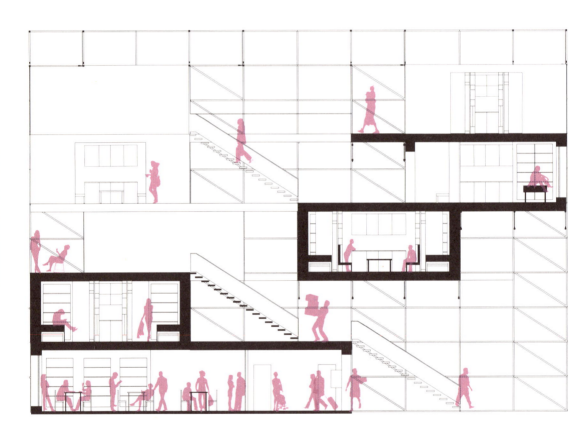

BILD

Schnitt

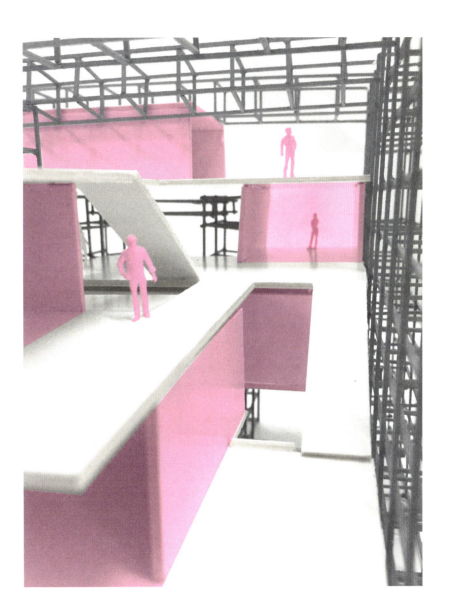

BILD

Modell

Stakeholder

Die Unterkünfte, die die Kommunen für Flüchtlinge errichten, betreffen nicht nur für die Flüchtlinge, sondern auch die Anwohner. Deshalb sollten die Anwohner beteiligt werden, um Proteste und eine Diskriminierung zu vermeiden. Die Flüchtlinge sollten über das ganze Stadtgebiet, möglichst in Gebiete der Mittel- und Oberschicht verteilt werden. Je kleinräumiger die Verteilung und je kleiner die Einheiten, desto größer sind die Chancen, dass die Anwohner die Flüchtlinge unterstützen und Kontakte entstehen.

JÜRGEN FRIEDRICHS

Für uns von Kitchen on the Run gehört zum integrativen Wohnen mehr als ein Bett und ein Stuhl. Aus unserer Sicht braucht es einen Raum, der Austausch ermöglicht und einen Dialog zwischen Neuankömmlingen und Beheimateten fördert. Und was eignet sich dafür besser als ein Esstisch, eine gemeinsame Küche, in der gemeinsam gekocht, gegessen und gelacht werden kann?!

KITCHEN ON THE RUN

Ein stabiles Wohnumfeld ist meiner Meinung nach elementar, um irgendwo anzukommen und den ersten Schritt in die Normalität zu starten. Die Unterbringung in einem ganz normalen/regulären Wohnumfeld, wie in WGs, war für unsere Teilnehmer der Beginn, in der Stadt anzukommen und sich ein soziales Netzwerk aufzubauen.

CORINNA SY
CUCULA

Zusammen mit dem Bauherren wurde eine Vielzahl an Partizipationsmöglichkeiten geschaffen – von Materialspenden über Crowdfunding bis hin zur Beteiligung an der Baustelle vor Ort. Die Chancen, die sich dadurch eröffneten, waren genauso neu und vielfältig wie die Aufgaben, die sich hier ergaben. Das Beschreiten dieser neuen Wege war letztlich der Gewinn, der sich im Design niederschlägt: die Zuwendung von 1000 Händen, die das temporäre ‚daheimsein' prägt.

JOHANNA AUFNER
ALLESWIRDGUT ARCHITEKTEN

In den vergangenen Monaten wurde das Thema des integrativen Wohnens von Geflüchteten oft in den Mittelpunkt gerückt bei der Frage, was tun. Es fallen hierbei zwei Dinge auf: Geflüchtete? Wer ist das und welche Anforderungen haben sie an das Wohnen? Diese Fragen werden oft ohne Geflüchtete besprochen und gehen deshalb an den Bedürfnissen vieler vorbei.
Dann tauchen Entwürfe auf, wie es sie in vielen Formen gerade des partizipativen Wohnens schon seit vielen Jahren gibt. Ist das schlecht? Nein, es sollte nur richtig interpretiert werden. In den Entwürfen zeigen sich meist die Sehnsüchte nach einem anderen Leben in mehr Miteinander und Gemeinschaft. Sollte die Frage nicht lauten, wie wollen wir mit unserem global ausstrahlenden Lebensstil eigentlich leben?

SEBASTIAN DÄSCHLE
CUCULA

ANGELA BAUER
BELLEVUE DI MONACO

Was soll das eigentlich sein – eine integrative Wohnform? Versuch: eine Form des Zusammenlebens, die Menschen ermöglicht, sich zu verbinden und miteinander zu beschäftigen. Menschen, die zunächst nur wenig miteinander zu tun haben, die nichts voneinander wissen (können). Bellevue di Monaco wird in drei (ursprünglich zum Abriss freigegebenen) Häusern im Zentrum Münchens das Thema Flucht ins Herz der Stadt holen. Veranstaltungen, Feiern, Kultur, Unterricht, Information und Beratung – das ganze Angebot wird Münchnerinnen und Münchner mit Geflüchteten zusammen bringen, es werden Themen erörtert und Gelegenheiten geschaffen, die Neues erlebbar machen. Junge Geflüchtete sowie Familien wohnen günstig und erhalten professionelle Begleitung, Sie können sich engagieren und einbringen, Hilfe und Rat finden, Leute kennen lernen oder auch ihrerseits andere unterstützen. So entsteht ein kleiner, nach außen offener Kosmos, ein lebendiges Herz mittendrin.

BARBARA MEYER
SCHLESISCHE 27
DIEGAERTNEREI.BERLIN

Alles verändert sich. Flucht erzeugt Radikalität, nicht nur bei dem, der flieht, sondern auch an den Orten, wo einer ankommt. Folgt man Vilém Flusser in seinem Essay ‚Von der Freiheit des Migranten‘, so sind ‚Vertriebene, Flüchtlinge‘ aber nicht nur gesellschaftliche Outsider, sondern ‚Vorposten einer neuen Zukunft‘. Die Schlesische27 in Berlin hat zahlreiche experimentelle Projektanlagen entwickelt, die Selbstwirksamkeit von geflüchteten Menschen ins Zentrum stellen und neue ‚Bilder‘ von Gemeinschaft erzeugen. Die Projekte bieten Geflüchteten Raum, um sich als kreative ProduzentIn urbaner Utopien und neuer Ökonomien auszuprobieren.

GOSTAPH KARA FALLAH
CARITAS-ALVENI

Die in den Kommunen üblichen Wohnräume ermöglichen nicht, dass Flüchtlinge viele ihrer wesentlichen kulturellen Aspekte ausleben können. Hier wäre die Berücksichtigung und Annäherung ihrer kulturellen Disposition nötig. Dies fordert im Vorfeld eine Kooperation zwischen ArchitektInnen und Sozial-/PädagogenInnen, die im direkten Kontakt zu Flüchtlingen stehen. Damit werden für die Zielgruppe geeignete Wohnräume geschaffen

FLÜCHTLINGE WILLKOMMEN

‚Flüchtlinge Willkommen‘ plädiert für ein offenes Europa, das auch und besonders die Menschen einschließt, die in Europa Zuflucht suchen. Niemand flieht ohne Grund und viele europäische Länder sind nicht unschuldig an heutigen Konflikten und wirtschaftlichen Herausforderungen anderer Kontinente.
Ein gemeinsames Zusammenleben von Geflüchteten und Beheimateten auf Augenhöhe bietet die Möglichkeit für beide Seiten Vorurteile abzubauen. Neu ankommenden Menschen wird erleichtert die Landessprache zu erlernen und am gesellschaftlichen Leben teilzuhaben.

MORETHANSHELTERS

Nachhaltige Entwicklung und Integration ist nur dann möglich, wenn Menschen ihr Leben selbst bestimmen können – erst dann wird ein Überlebensraum zum Lebensraum und ein Lebensraum zu einem zu Hause. Ein Wohnraum muss individuellen Bedürfnissen nach Sicherheit, Geborgenheit und Privatsphäre nachkommen sowie aktiv mitgestaltet werden können. Denn nur so werden Betroffene zu Beteiligten.

Bildnachweis

Fotos und Illustrationen ohne Bildnachweis wurden freundlicherweise von den Autoren / Herausgebern oder den Teilnehmern der Home not Shelter! Initiative zur Verfügung gestellt. Die Nennung der Quellen und Urheber erfolgt nach bestem Wissen und Gewissen.

Dirk Dähmlow / D, Ivor Prikett / E, Franziska Polleter / E, Daniel George /F, Vasiliki Mitropoulou / G, Christina Risinger / G, Barbara Lersch / G, David Freudenthal / G

Impressum

© 2016 by jovis Verlag GmbH
Das Copyright für die Texte liegt bei den Autoren.
Das Copyright für die Abbildungen liegt bei den Fotografen/Inhabern der Bildrechte.

Alle Rechte vorbehalten.

Herausgeber: Ralf Pasel, Alexander Hagner, Hans Drexler, Ralph Boch

Gestaltung und Satz: TU Berlin / CODE: Ralf Pasel, Maximilian Treiber
Lektorat: Ralph Boch, Christina Risinger, Barbara Lersch
Druck und Bindung: ZeitDruck GmbH Berlin

Bibliografische Information der Deutschen Nationalbibliothek
Die Deutsche Nationalbibliothek verzeichnet diese Publikation in der Deutschen Nationalbibliografie; detaillierte bibliografische Daten sind im Internet über http://dnb.d-nb.de abrufbar.

jovis Verlag GmbH
Kurfürstenstraße 15/16
10785 Berlin

www.jovis.de

jovis-Bücher sind weltweit im ausgewählten Buchhandel erhältlich. Informationen zu unserem internationalen Vertrieb erhalten Sie von Ihrem Buchhändler oder unter www.jovis.de.

ISBN 978-3-86859-447-8